Robin und Schnuff

Sjoerd Kuyper

Robin und Schnuff

Geschichten zum Vorlesen

Mit farbigen Illustrationen von Marije Tolman
Aus dem Niederländischen von Eva Schweikart

Gabriel

INHALT

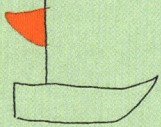

ROBIN IST VERLIEBT

Meiner Schwester Trudy
und meiner Tochter Marianne gewidmet

Robin und Suse

Schaukel

Robin hat ein Pferd. Mama hat es gemacht. Der Kopf des Pferds ist eine graue Socke von Papa. In die Socke hat Mama alles Mögliche reingestopft. Der Kopf ist wunderschön geworden. Er hat Augen und auch einen Mund. Aus dem Mund hängen Schnüre. Die heißen Zügel und damit lenkt man. Oben auf dem Kopf hat das Pferd viele dicke schwarze Haare. Man kann sie nicht gut kämmen. Der Rest vom Pferd ist ein Stock.

Das Pferd liegt auf der Treppe. Es ruht sich aus. Das Pferd ist müde. Sie sind schnell und lange geritten, Robin und sein Pferd. Robin war ein Ritter und das Pferd war das Pferd des Ritters.

Schnuff sitzt neben dem Pferd auf der Treppe. Schnuff ist Robins Schweinchen. Er hat kleine Augen und weiche Ohren und einen Schwanz, der sich schön ringelt. Schnuff ist rosa. Er ist Robins Freund und Kuscheltier. Aber wenn Robin ein Ritter ist, dann ist auch Schnuff ein Ritter. Dann reiten sie zusammen auf dem Pferd.

Schnuff ist genauso müde wie das Pferd und Robin ruht sich auch ein bisschen aus. Auf der Schaukel. Die Schaukel hängt in der Diele neben der Treppe. Robin schwingt sachte hin und her. Er kommt mit den Füßen bis zum Boden. Ohne Mühe. Jetzt aber lässt er die Füße baumeln. Ganz sachte. Hin und her.

Die Haustür geht auf. Papa kommt herein. Papa ist nass. Seine Jacke ist nass. Sein Gesicht ist nass. Seine Haare sind nass. Alles ist nass. Klatschnass.

»Liebe Güte!«, ruft Papa. »Es gießt wie aus Kübeln. Mir tut richtig die Birne weh.«

»Birne darf man nicht sagen«, sagt Robin.

»Wer behauptet das?«, fragt Papa.

»Frau Tineke. Man muss Kopf sagen.«

»Da hat Frau Tineke recht«, sagt Papa.

»Und kacken darf man auch nicht sagen«, sagt Robin.

»Ich rubble mir mal die Haare trocken«, sagt Papa.

Er geht in die Küche, um sich die Haare trocken zu rubbeln.

»Drücken muss man sagen!«, ruft Robin ihm nach.

Er stellt die Füße auf den Boden und stößt sich ab. Die Schaukel schwingt hin und her. Robin hält sich gut an den Seilen fest und singt: »Validon und Bullerich, Validon und Bullerich, Validon und Bullerich, müde ist ihr Pferd.«

Die Schaukel schwingt immer höher. Papa steckt den Kopf aus der Küchentür. Er rubbelt seine nassen Haare mit einem Handtuch.

»Wer sind Validon und Bullerich?«, fragt Papa.

»Ich bin Validon!«, ruft Robin. »Und Schnuff ist Bullerich. Wir sind zwei Ritter und trauen uns ganz viel.«

»Dürfen Validon und Bullerich auch nicht kacken sagen?«, fragt Papa.

»Ritter trauen sich das«, sagt Robin.

»Ein Glück«, sagt Papa. »Drücken finde ich ein blödes Wort dafür. Drücken tut man auf eine Türklingel.«

Darüber muss Robin lachen.

»Schaukelst du auch nicht zu hoch?« Papas Kopf verschwindet wieder.

»Validon und Bullerich«, singt Robin. »Validon und Bullerich, Validon und Bullerich, die kackten miteinander.«

Immer höher schwingt die Schaukel.

»Validon und Bullerich, Validon und Bullerich, Validon und Bullerich, die kackten miteinander.«

Die Schaukel ist prima. Papa hat große glänzende Haken in die Decke geschraubt. An den Haken hängen die Seile und an den Seilen hängt die Schaukel. Papa hat erst einmal selbst geschaukelt. Es ging gut. Die Schaukel krachte nicht runter. Danach durfte Robin.

»Validon und Bullerich, Validon und Bullerich, Validon und Bullerich, die kackten miteinander.«

Wenn wieder Sommer ist, wird die Schaukel im Freien aufgehängt. An einem Ast von Robins Kletterbaum.

»Validon und Bullerich«, singt Robin. »Validon und Bullerich, Validon und Bullerich, die kackten in die Luft.«

Noch höher schwingt die Schaukel. Ritter trauen sich alles.

Ball

»Papa«, sagt Robin, »wollen wir Fußball spielen?«

»Schau mal aus dem Fenster«, sagt Papa.

Robin schaut aus dem Fenster. Es sieht aus, als würden viele große Kerle wannenweise Wasser an die Scheibe schütten, so stark regnet es. Der Garten ist voller großer Pfützen. Man könnte vielleicht schwimmen, aber auf keinen Fall Fußball spielen.

»Es gießt wie aus Kübeln«, sagt Robin.

»Und es windet wie verrückt«, sagt Mama.

Mama sitzt im Sessel neben dem Sofa. Sie strickt. Sie strickt etwas Kleines.

»Ich will aber gern Fußball spielen«, sagt Robin.

»Ja«, sagt Papa. »Ein zünftiges Fußballmatch, darauf hätte ich auch Lust. Wir können ja ganz vorsichtig Fußball spielen. Ganz vorsichtig Fußball spielen darf man auch im Haus. Im Wohnzimmer.«

»Super, Papa!«, ruft Robin.

»Oder nicht?« Papa sieht Mama fragend an.

Mama nickt.

»Aber dann musst du selber auch vorsichtig spielen«, sagt sie zu Papa.

Papa holt den Ball.

»Ich bin der Torwart«, sagt er.

»Wer ist der beste Torwart auf der ganzen Welt, Papa?«, fragt Robin.

»Ich«, sagt Papa. »Ich bin der beste Torwart auf der ganzen Welt. Pass nur mal auf!«

Papa legt den Ball vor Robins Füße.

»Das Sofa ist das Tor«, sagt Papa.

Papa stellt sich vor das Sofa. Robin kickt gegen den Ball. Der rollt auf Papa zu und Papa schnappt ihn sich.

»Gehalten!«

Er rollt den Ball zu Robin zurück. Ganz vorsichtig. Und Robin kickt wieder. Gut zehn Mal kickt er. Aber er schießt kein Tor. Papa hält den Ball jedes Mal.

»Mann, Papa«, sagt Robin. »Du bist echt der beste Torwart auf der ganzen Welt!«

»Du musst mehr in die Ecken zielen«, sagt Papa.

Er deutet zu den beiden Sofaecken.

»Da und dort ... Dann wird es schwieriger für mich.«

Das ist eine gute Idee. Robin konzentriert sich auf eine Sofaecke und kickt den Ball dorthin. Der Ball rollt knapp am Sofa vorbei.

»Daneben«, sagt Robin.

»War aber ein guter Schuss«, sagt Papa. »Wo ist denn der Ball geblieben?«

Papa kniet sich hin und späht unter Mamas Sessel. »Ich seh den Ball nicht«, brummt er.

Robin sieht von Papa nur noch den Po und die Sohlen seiner Hausschuhe. Ein komischer Anblick ist das! Robin lacht Mama an und Mama lacht Robin an. Und plötzlich ... sieht Robin den Ball!

»Komm mal her, Papa«, sagt Robin. »Ich hab den Ball gefunden.«

Papa taucht hinter dem Sessel auf. Robin geht auf Mama zu. Er kann es kaum glauben. Mama hat den Ball versteckt! Unter ihrem Kleid. Das ist ja lustig!

»Da ist er!«, sagt Robin.

Er schiebt Mamas Kleid ein bisschen hoch.

Aber darunter ist kein Ball. Mama hat nur einen sehr, sehr dicken Bauch. Robin starrt den dicken Bauch so verdutzt an, dass Mama laut lachen muss. Und Papa lacht mit.

»Warum hast du so einen dicken Bauch, Mama?«, fragt Robin.

»In meinem Bauch«, sagt Mama, »ist etwas ganz Besonderes drin.«

Und mit einem Mal ... weiß Robin es!

»Ein Baby!!!«, schreit er.

Mama nickt.

Robin spürt, wie ihm innerlich warm und weich und wild wird – alles zugleich. Er freut sich riesig. Er möchte tanzen und springen und schreien und auf seinen Spielzeugschrank klettern. Er möchte ... er möchte alles Mögliche, aber er macht gar nichts. Ganz still steht er neben Mama und legt seine Hand auf ihren dicken Bauch.

»Ist das wirklich wahr?«, fragt er.

Wieder nickt Mama.

»An deinen Augen sehe ich, wie sehr du dich freust«, sagt Mama zu Robin. Und jetzt nickt Robin.

»Gib Mama einen Kuss«, sagt Papa.

»Dreierkuss!«, ruft Robin.

Papa setzt sich auf die Armlehne des Sessels. Sie küssen sich, Robin und Mama und Papa. Alle drei gleichzeitig. Mundwinkel auf Mundwinkel, Mundwinkel auf Mundwinkel, Mundwinkel auf Mundwinkel. Ihre Küsse passen genau aufeinander. Ein Dreierkuss.

»Wir müssen den Viererkuss üben«, sagt Papa.

Robin rennt zum Sofa und holt Schnuff.

»Schnuff ist das Baby«, sagt er.

Wieder küssen sie sich, Robin und Mama und Papa. Und jetzt macht auch Schnuff mit. Schnuff als Baby. Sie küssen sich alle vier gleichzeitig. Mundwinkel auf Mundwinkel, Mundwinkel auf Mundwinkel, Mundwinkel auf Schweineschnauze, Schweineschnauze auf Mundwinkel. Ganze zehn Mal üben sie den Viererkuss.

Für das Baby, wenn es kommt.

Kopf

Robin sitzt mit Mama im Bus. Mama will in die Stadt zur Hebamme. Und Robin darf mit.

Der Bus fährt an den Wiesen vorbei. Das Schilf an den Wassergräben liegt fast platt auf der Erde, weil es stürmt. Graue Wolken jagen über den Himmel wie Pferde, die jemand mit einer großen Peitsche antreibt. Die Vögel haben sich versteckt. Niemand weiß wo. Das ist geheim. Die Kühe stehen in ihrem Stall. Es ist kalt auf der Welt. Robin hat einen Schal um und eine Mütze auf.

Auch in den Straßen der Stadt windet es heftig. Der Wind kommt von hinten und bläst Mama die langen Haare um den Kopf.

»Wir müssen schnell laufen«, sagt Mama. »Sonst weht es mir die Haare vom Kopf.«

Sie macht große Schritte.

»Willst du meine Mütze aufsetzen?«, fragt Robin. »Da kannst du die Haare drunterstecken.«

Mama lacht.

»Nein danke, mein Schatz«, sagt sie. »Ich hab nur Spaß gemacht.«

»Das hab ich mir schon gedacht«, sagt Robin.

Auch er macht jetzt große Schritte. So wie Mama. Damit sie schnell bei der Hebamme sind.

Im Wartezimmer sitzen lauter Frauen mit dicken Bäuchen. Sie plaudern so munter miteinander, als wären sie Freundinnen. Sie reden über die Babys in ihren Bäuchen und wie lange es noch dauert, bis die geboren werden.

Robin blättert in einem Buch. Darin sind viele Fotos von Frauen mit einem Baby im Bauch. Außerdem Fotos von Babys, die schon geboren sind. Robin sieht Babys in Bettchen, Babys auf Schaukelpferden und Fahrrädern, Babys in Kinderwagen, Babys, die von ihren Eltern hoch in die Luft gehoben werden. Alle Babys lachen. Bestimmt macht es Spaß, ein Baby zu sein. Robin erinnert sich nicht mehr, wie das war. Er hat es vergessen. Dass er ein Baby war, ist nämlich schon lange her.

Er blättert weiter in dem Buch und hört dabei den Frauen zu. Mama plaudert am muntersten von allen. Kein Wunder, denkt Robin, Mama wird ja Siegerin. Ihr Baby kommt schon bald, hat sie gesagt.

»Und was sagst du dazu, dass du bald ein Geschwisterchen bekommst?«, sagt plötzlich eine Frau, zu Robin gewandt.

»Find ich gut«, sagt Robin.

Dann sind Robin und Mama an der Reihe. Sie stehen auf und gehen in das Zimmer der Hebamme.

Als Erstes untersucht die Hebamme Mamas Pipi. Das hat Mama in einem Fläschchen dabei. Die Hebamme hält das Fläschchen schräg und steckt dann einen Papierstreifen in die gelbe Flüssigkeit. »In Ordnung«, sagt sie.

Dann muss Mama sich auf die Waage stellen. Das Baby ist gewachsen. Robin geht schon mal zu dem hohen Bett hinten im Raum. Hoffentlich legt Mama sich bald darauf.

Sie macht es: Mama legt sich auf das Bett. Ihr dicker nackter Bauch steht hoch wie der Buckel eines Wals. Die Hebamme legt ihre Hände auf Mamas Bauch und drückt. Viel zu fest! Ihre Finger verschwinden fast in Mamas Haut. Aber Mama sagt nichts, also sagt Robin auch nichts.

»Aha!«, sagt die Hebamme. »Was spüre ich denn da? Einen runden harten Kopf spüre ich!«

»Einen runden harten Kopf?«, sagt Mama. »Das gefällt uns. Was, Robin? Ein Baby mit einem runden harten Kopf.«

Robin nickt. Ein runder harter Kopf, das hört sich gut an.

»Hab ich auch einen runden harten Kopf?«, fragt er.

»Fühl doch mal«, sagt Mama.

Robin macht es. Und tatsächlich: Er hat auch einen runden harten Kopf. Das ist schön.

Jetzt aber kommt das Schönste. Die Hebamme nimmt ein Mikrofon und hält es an Mamas Bauch.

»Mal eben suchen«, sagt sie.

Das Suchen dauert nicht lange. Bald ist ganz laut zu hören, wie das Herz des Babys schlägt.

Kabumm-kabumm-kabumm.

Mama sieht ganz glücklich aus.

»Wie ein Zug«, sagt sie.

Kabumm-kabumm-kabumm.

So schlägt das Herz des Babys.

»Wie ein Ritter«, sagt Robin. »Wie ein Ritter auf einem schrecklich wilden Pferd.«

Kabumm-kabumm-kabumm.

Mama steht auf und knöpft ihr Kleid zu.

Als sie wieder auf der Straße sind, sagt Robin: »Ich hab ein Pferd im Bauch, das hat jetzt noch Räder. Bald kommt es durch ein Loch in meinem Bauch raus und wird geboren. Und dann hat es Beine. Damit kann es laufen und rennen, so wie mein anderes Pferd. Und danach geht das Loch in meinem Bauch wieder zu. Gutes System, was?«

Mama lacht.

Ups, denkt Robin, warum lacht Mama? Wahrscheinlich wegen System. Weil ich System gesagt hab. Vielleicht war es nicht das richtige Wort. Er denkt kurz nach. Dann sagt er: »Gut ... was?«

»Ja«, sagt Mama, »das ist ein sehr gutes System. Und auch noch ein schönes Wort: System.«

Sie gehen durch den Sturm. Hand in Hand. Jetzt bläst ihnen der Wind direkt ins Gesicht. Er will sie aufhalten, aber das klappt nicht. Weil sie stark sind. Sie machen große Schritte und ihre Herzen schlagen im Takt.

Kabumm-kabumm-kabumm.

Alle drei Herzen.

Beine

Robin sitzt in der Badewanne. Er ist Ritter Validon. Der dicke Ritter Bullerich sitzt auf dem Wannenrand. Schnuff ist der dicke Ritter Bullerich.

Sie sind müde. Müde von ihrem schweren Kampf gegen den bösen König der Spinnen. Der ist jetzt tot. Bullerich hat sich mit seinem dicken rosa Hinterteil auf den toten König gesetzt. Das ist ein gutes System.

»Ritter Validon«, sagt Ritter Bullerich, »die Spinnen wollen alle, dass Ihr jetzt König werdet.«

Ritter Validon nickt. König Validon, das klingt gut.

»Aber dazu müsst Ihr acht Beine haben«, sagt Ritter Bullerich.

Ritter Validon hebt Ritter Bullerich hoch. Auf dem Wannenrand liegt eine große tote schwarze Spinne. Ritter Validon zählt ihre Beine. Acht. Stimmt genau.

Ritter Validon zählt bei sich nach. Er kommt auf vier: zwei Arme und zwei Beine. Was nun?

Ritter Validon legt den toten König der Spinnen auf sein Knie und lässt das Knie langsam unter Wasser sinken.

»Er ist gestorben und begraben«, singt Ritter Validon mit tiefer Stimme. »Er ist gestorben und begraben, der König ist tot.«

Der tote König der Spinnen treibt im Wasser, alle acht Beine von sich gestreckt.

Plötzlich ertönt unten ein Poltern.

Und dann … Hört Robin richtig?

Ja! Er hört Mama schreien. Ganz kurz nur. Ein lauter spitzer Schrei. Mama hat sich wehgetan!

Robin springt so stürmisch aus der Wanne, dass Schnuff ins Wasser fällt. Aber das macht nichts. Schnuff kann schwimmen. Nackt rennt Robin die Treppe hinab. Plitsch-platsch machen seine nassen Füße auf den Stufen.

Mama steht in der Küche. Sie hält ihren Kopf ins Spülbecken. Der Hahn ist voll aufgedreht. Ein kräftiger Wasserstrahl ergießt sich über Mamas Haare.

»Hast du geschrien?«, fragt Robin.

Mama hält den Kopf schräg und sieht Robin an.

»Du bist ja nackt«, sagt sie. »Zieh deinen Bademantel an, los!«

Robin erschrickt. Was ist das Rote, das über Mamas Wange läuft? Bis zum Kinn läuft es und von dort ins Spülbecken.

Jetzt sieht Robin, was es ist: Blut! Aus Mamas Kopf kommt Blut!

»Mach schon«, sagt Mama. »Zieh dir was an.«

Noch immer hält sie den Kopf unter den Wasserhahn.

»Du blutest!«, schreit Robin.

»Mir ist die Blechwanne auf den Kopf gefallen«, sagt Mama.

Die Blechwanne. Die große graue Wanne, die Mama im Sommer immer in den Garten stellt. Und mit Wasser füllt. Damit Robin auch im Freien plantschen kann.

Robin schaut zur Wand. Da ist nur der Nagel, an dem die Wanne sonst hängt. Die Wanne selbst hängt nicht mehr da.

Sie liegt auf dem Fußboden. Sie ist von der Wand gefallen. Erst auf Mamas Kopf und danach auf den Boden. Das war das Poltern, das Robin gehört hat. Und jetzt hat Mama ein Loch im Kopf.

»Es ist halb so schlimm«, sagt Mama. »Steh nicht rum. Ich sterbe schon nicht.«

Robin erschrickt. Sterben ist ein schlimmes Wort. Beim Spielen ist es spannend, aber in der Wirklichkeit nicht. »Nun zitter doch nicht so!«, sagt Mama. »Zieh dir endlich was an!«

Es stimmt, Robin zittert auf einmal ganz fürchterlich. Wenn nur Papa da wäre! Aber Papa ist nicht da. Robin dreht sich um und rennt die Treppe hinauf. Mama stirbt nicht. Das hat sie selbst gesagt.

»Vergiss die Hausschuhe nicht!«, ruft Mama ihm nach.

Robin zieht seinen Bademantel und die Hausschuhe an. Dann rennt er wieder nach unten. Mama steht neben dem Telefon. Sie hat sich einen nassen Waschlappen auf den Kopf gelegt. »Gleich kommt der Arzt«, sagt sie.

Ein paar Minuten später klingelt es. Da ist der Arzt schon.

Robin macht die Haustür auf.

»Mama ist im Wohnzimmer«, sagt er.

Der Arzt streicht Robin über den Kopf und geht dann rasch ins Wohnzimmer. Mama sitzt jetzt auf dem Sofa. Sie nimmt den Waschlappen weg und der Arzt schaut sich ihren Kopf an.

»Oje, das sieht nicht gut aus«, sagt er. »Da werden Sie kräftig die Zähne zusammenbeißen müssen.«

Der Arzt zieht seine schwarzen Handschuhe aus und öffnet seine Tasche. Dann setzt er sich neben Mama aufs Sofa. Er nimmt eine lange Spritze und pikst Mama damit zwei Mal in den Kopf.

Erstes Mal.

»Aua!«, sagt Mama.

Zweites Mal.

»Autsch!«, sagt Mama.

Und dann passiert etwas völlig Verrücktes. Der Arzt nimmt Nadel und Faden aus seiner Tasche und näht das Loch in Mamas Kopf zu! So, als würde er eine Socke stopfen!

Mama ist tapfer. Sie sieht Robin an und lächelt sogar.

»So, das hätten wir«, sagt der Arzt.

»Und was ...«, sagt Mama ein bisschen verlegen, »... was ist mit dem Baby?«

Der Arzt holt sein Stethoskop hervor und hält es an Mamas nackten Bauch. Er lauscht den Herztönen des Babys. »Kabumm-kabumm-kabumm«, sagt er. »Mit dem Baby ist alles in Ordnung. Machen Sie sich keine Sorgen.«

Der Arzt zwinkert Robin zu. Dann schließt er seine Tasche und sieht sich suchend um.

»Hat jemand meine Handschuhe gesehen?«, fragt er.

Robin und Mama gucken sich auch um, aber die Handschuhe sind nirgends zu sehen. Der Arzt steht vom Sofa auf und fängt an zu tanzen. Einen seltsamen Tanz. Er schwenkt die Arme und schlenkert die Beine in alle Richtungen.

»Wo sind meine Handschuhe?«, singt er. »Wo sind meine Handschuhe?«

Robin wundert sich über den Arzt. Dass er tanzt, gefällt Robin nicht. Ärzte sollen nicht tanzen.

Auf einmal entdeckt Robin die Handschuhe. Sie liegen auf dem Sofa. Der Arzt hatte draufgesessen! Die Handschuhe sehen aus wie zwei tote schwarze Spinnen, die ihre Beine von sich strecken.

Schnuff!

Schnuff schwimmt noch in der Badewanne!

Robin rennt aus dem Zimmer. Die Treppe hinauf. Nach oben.

»Sag dem Herrn Doktor Auf Wiedersehen!«, ruft Mama ihm nach.

»Wiedersehen!«, schreit Robin. »Die Handschuhe liegen auf dem Sofa!«

Schnuff treibt auf dem Rücken in der Wanne. Er lacht. Tapferer Ritter Bullerich! Liegt im Wasser und lacht, die Arme und die Beine hochgestreckt. Robin zählt rasch nach. Vier sind es. Wie bei ihm selbst. Also haben sie zusammen …

Robin zählt erst bei Schnuff: »Eins, zwei, drei, vier …«

Und dann bei sich weiter: »… fünf, sechs, sieben, acht!«

Das ist ja super!

»Schnuff!«, ruft Robin. »Wir beide sind der König der Spinnen! Zusammen haben wir nämlich acht Beine!«

Schnuff schwimmt noch immer lachend in der Wanne. Robin will auch wieder hineinsteigen, aber inzwischen ist das Wasser kalt geworden. Er fischt Schnuff aus dem kalten Wasser und wickelt ihn in ein Handtuch.

»Du warst Ritter Bullerich«, sagt Robin. »Das weißt du noch, oder? Und ich war Ritter Validon. Und jetzt sind wir zusammen der König der Spinnen. Wir helfen Edelfrauen, wenn sie sich wehtun. Wenn sie ein Loch im Kopf haben. Alles klar?«

Warten

Robin geht die Treppe hinab. Er hat über etwas nachgedacht. Davon will er Mama und Papa erzählen.

Mama und Papa sitzen nebeneinander auf dem Sofa. Sie machen nichts. Sie sitzen nur da. Aus dem Radio dröhnt laute Musik. Robin stellt sich direkt vor Mama und Papa hin. Damit sie ihn gut hören können.

»Wenn man ein Loch im Kopf hat«, schreit Robin, »und es regnet, dann läuft Wasser in das Loch! Und dann können da Enten rein und man hat einen Teich im Kopf!«

»Stimmt!«, schreit Papa.

»Was macht ihr?«, schreit Robin.

»Wir warten!«, schreit Mama.

»Auf was?«, schreit Robin.

»Auf das Baby!«, schreit Papa.

»Oh!«, schreit Robin.

Er setzt sich zwischen Mama und Papa aufs Sofa. Um auch zu warten. Es kommt ihm vor, als würde die Musik immer lauter. Das Warten dauert sehr lange.

»Wann kommt das Baby?«, schreit Robin.

»Das wissen wir nicht!«, schreit Papa.

»Die Hebamme hat gesagt«, schreit Mama, »das Baby kommt, wenn es so weit ist!«

»Und wann ist es so weit?«, schreit Robin.

»Das wissen wir nicht!«, schreit Papa.

»Vielleicht heute!«, schreit Mama.

»Vielleicht morgen!«, schreit Papa.

Robin stellt sich aufs Sitzpolster und schaut aus dem Fenster. Es gießt wie aus Kübeln.

Robin sieht eine klatschnasse Katze im Gebüsch. Sie tut ihm leid. Er klopft an die Scheibe, um die Katze zu locken. Aber sie erschrickt und huscht durch das hohe nasse Gras davon. Draußen ist es fast dunkel. Die Straßenlampen brennen schon.

Da läutet das Telefon. Papa springt auf.

»Ha!«, schreit er. »Ich glaube, das Baby ruft an. Ich frag gleich mal, wann es kommt.«

Papa stellt die Musik leiser und geht ans Telefon.

»Hallo«, sagt er und lauscht.

Dann schaut er zu Robin und Mama und schüttelt den Kopf. Es ist nicht das Baby.

»Papa macht nur Spaß«, sagt Robin.

»Das glaube ich auch«, sagt Mama.

Sie legt den Arm um Robin. Papa sagt etwas ins Telefon. Danach legt er auf. Er tritt ans Fenster und späht hinaus, nach links und nach rechts. Kopfschüttelnd sagt er: »Noch nichts zu sehen. Kein Baby draußen auf der Straße. Schlimm, dieser Regen! So ein kleines Baby im großen Regen …«

Robin überlegt. Kommt das Baby etwa zu Fuß? Das geht doch gar nicht! Ein Baby, das mit seinen kleinen Füßen durch die Pfützen stapft, womöglich in Stiefelchen! Ein Baby mit Schirm!

»Das geht doch gar nicht!«, sagt Robin.

»Warum nicht?«, fragt Papa.

»Weil das Baby aus Mamas Bauch kommt«, sagt Robin. »Das hast du selber gesagt.«

»Ach ja, stimmt«, sagt Papa. »Das Baby kommt aus Mamas Bauch. Jetzt weiß ich es wieder.«

Robin sieht Papa an. Ist Papa wirklich so dumm?
Nein.
Papa lacht.

»Wir möchten so gern, dass das Baby kommt«, sagt Papa. »Das lange Warten macht uns alle nervös.«

»Mich nicht«, sagt Robin.

»Richtig«, sagt Papa. »Dich nicht.«

Mit seinen großen starken Händen hebt er Robin hoch und wirbelt ihn herrlich wild im Kreis herum.

»Nicht so hoch!«, schreit Robin.

»Noch höher!«, ruft Papa. »Ganz nach oben, ins Bett!«

»Dreierkuss!«, schreit Robin.

Sie küssen sich, Robin und Papa und Mama.

Sie wissen nicht, dass es ihr letzter Dreierkuss ist. Ihr allerletzter. Denn morgen …

Aber das wissen sie noch nicht.

Papa bringt Robin ins Bett und deckt ihn gut zu. Der Regen prasselt aufs Dach. Schnuff ist noch ein bisschen nass vom Baden. Er hat noch immer das Handtuch um.

»Was für eine Geschichte soll ich erzählen?«, fragt Papa.

»Eine über den toten König der Spinnen«, sagt Robin.

»Hmmm«, sagt Papa. »Da muss ich erst mal nachdenken.«

»Brauchst du nicht«, sagt Robin. »Ich erzähl die Geschichte.«

Und das macht er. Papa hört zu und Robin erzählt die Geschichte vom bösen König der Spinnen und den Rittern Validon und Bullerich. Wie sie ge-kämpft und gesiegt haben.

»Und dann war der König tot, und alle Spinnen wollten, dass ich ihr König werde, aber dazu musste ich acht Beine haben.«

Papa hört zu, und Robin erzählt weiter, bis die Geschichte zu Ende ist. Dann sagt er: »Und jetzt sind Schnuff und ich zusammen König.«

Papa nickt.

»Danke«, sagt er. »Das war eine supertolle Geschichte.«

Stolz schläft Robin ein.

Krank

Robin wacht auf. Ihm ist schlecht. Er will Mama rufen, aber er traut sich nicht, den Mund aufzumachen. Sonst kommt es nämlich. Mit fest zugepresstem Mund steigt er aus dem Bett. Er schlüpft in seine Hausschuhe. Sonst wird er womöglich noch kränker.

Es ist Nacht. Im Haus ist es still. Nirgends brennt Licht. Robin rennt durch den Flur zum Elternschlafzimmer. Gleich muss er spucken, er schmeckt es schon ein bisschen im Mund. Er rennt auf das große Bett zu. Aber … das Bett ist leer! Keine Köpfe auf den Kissen! Robin hebt die Decke hoch. Niemand! Mama und Papa liegen nicht im Bett.

Robin rennt zur Treppe.

»Mama!«, ruft er.

Und dann kommt es.

Robin steht oben an der Treppe und spuckt. Auf die Treppe. Es tropft die Stufen hinab. Robin weint. Weil es so scheußlich ist, spucken zu müssen.

»Mama!«, ruft er.

Da ist Papa. Er steht unten an der Treppe.

»Was ist denn, mein Schatz?«, fragt er.

»Ich hab spucken müssen«, schluchzt Robin.

»Das sehe ich«, sagt Papa. »Komm her zu mir.«

Robin geht die Treppe hinab. Ganz vorsichtig. Auf Zehenspitzen geht er an dem Erbrochenen auf den Stufen vorbei.

Papa nimmt Robin auf den Arm.

»Ich muss noch mal!«, sagt Robin.

Schnell trägt Papa Robin zum Klo. Gerade noch rechtzeitig. Robin muss wieder spucken. Nun aber ins Klo. Wie sich das gehört. Jetzt ist auch Mama da. Während Papa die Treppe aufwischt, nimmt sie Robin mit in die Küche. Sie gibt ihm ein Glas Wasser.

»Nicht runterschlucken«, sagt Mama. »Nur spülen und dann ausspucken.«

Das Spülen ist schwierig, aber das Ausspucken geht leicht.

»Ich kann gut spucken, was?«, sagt Robin.

Mama lacht. Robin kann auch schon wieder lachen. Aber der eklige Geschmack ist noch nicht weg. Mama nimmt einen Waschlappen und macht Robins Mund sauber. Dann knuddelt sie ihn.

»Mein großer Sohn«, sagt sie.

Es ist gemütlich in der Küche. Die Teekanne steht auf dem Stövchen, daneben sind Tassen und Kekse und das Radio spielt leise Musik. Auf dem Tisch liegen auch Würfel.

»Spielt ihr was?«, fragt Robin.

Mama nickt. Sie setzt sich hin.

»Wie spät ist es?«, fragt Robin.

»Mitten in der Nacht«, sagt Mama.

»Geht ihr nicht ins Bett?«

»Äh ... nein«, sagt Mama. »Heute Nacht wahrscheinlich nicht.«

Papa kommt herein. Er hat die Treppe sauber gemacht.

»Wartet ihr immer noch auf das Baby?«, fragt Robin.

»Äh ... ja«, sagt Papa.

Plötzlich macht Mama: »Ufff!«

Sie steht auf und geht hin und her. An ihrem Mund sieht Robin, dass sie Schmerzen hat, aber ihre Augen lächeln. Sie lehnt sich mit ihrem dicken Bauch an die Spüle. Papa massiert ihr den Rücken.

»Ah, das tut gut«, sagt Mama. »Danke.«

Mit einem tiefen Seufzer setzt sie sich wieder.

»Weißt du was?«, sagt Papa zu Robin. »Wir glauben ... das Baby kommt.«

»Jetzt???«, schreit Robin

Auf einmal fühlt er sich nicht mehr krank. Er möchte schon wieder tanzen.

»Immer mit der Ruhe«, sagt Papa. »Das Baby kommt zwar, aber bis es wirklich da ist, kann noch eine ganze Weile vergehen.«

»Du musst ins Bett, mein Schatz«, sagt Mama.

Aber Robin will nicht. Trotzdem muss er.

»Ufff!!!«, macht Mama.

Wieder steht sie auf und geht in der Küche hin und her. Wieder lehnt sie sich mit ihrem dicken Bauch an die Spüle. Und wieder massiert Papa ihr den Rücken.

»Tut es weh?«, fragt Robin.

»Ein bisschen«, sagt Mama und lächelt. »Mir geht es ganz gut. Für unser Baby halte ich die Schmerzen gern aus.«

Das versteht Robin.

»Weckt ihr mich, wenn das Baby kommt?«, fragt er. »Ich meine, wenn es wirklich kommt.«

»Nein«, sagt Papa. »Das halte ich für keine gute Idee. Ich wecke dich, wenn das Baby da ist. Und jetzt hopp! Rauf mit dir!«

Robin macht den Schrank unter der Spüle auf und nimmt einen Plastikeimer heraus.

»Den stelle ich neben mein Bett«, sagt er.

»Aber du bist doch nicht mehr krank, oder?«, fragt Papa.

»Nein«, sagt Robin. »Aber vielleicht werd ich's noch mal. Das könnte doch sein.«

»Ja«, sagt Papa. »Das könnte sein.«

»Das kann immer passieren«, sagt Mama.

»Und wenn ich wieder krank werde«, sagt Robin, »darf ich dann runterkommen?«

»Wenn du wirklich krank bist«, sagt Papa, »dann darfst du selbstverständlich kommen. Aber ich glaube, du wirst nicht wieder krank.«

»Ufff!!!«, macht Mama.

Papa bringt Robin schnell nach oben. Er deckt ihn schnell zu, gibt ihm schnell einen Kuss auf die Stirn und rennt schnell wieder nach unten. Schnell zu Mama.

Robin liegt in seinem Bett. Er hofft, dass er wieder krank wird. Nicht sehr. Ein kleines bisschen nur. Nicht so, dass er spucken muss. Nur fast. Dann darf er wieder runter. Und dort und dann …

Aber er fällt in einen tiefen, gesunden Schlaf.

Strahleaugen

Robin wacht auf. Er gähnt und reibt sich die Augen.

Da war etwas Schönes. Aber was war es gleich wieder?

Robin zieht den Vorhang auf und schaut aus dem Fenster. Er sieht die Wiesen. Sie stehen unter Wasser, sind zu Seen geworden. Enten und Schwäne und Blässhühner schwimmen darauf. Es hat ja sehr stark geregnet. Und sehr lange. Tage und Nächte und Tage und Nächte. Jetzt aber hat es aufgehört.

Was war nur das Schöne?

In der Ferne liegt die Stadt. Robin sieht die Hochhäuser. Sie wirken klein wie Streichhölzer, aber Robin weiß, wie hoch sie sind. Er war nämlich schon oft in der Stadt.

Über den Hochhäusern steht die Sonne. Die Sonne ist groß. Sehr groß und rot. Wunderbar rot.

Plötzlich steht Papa neben Robin.

»Siehst du die Sonne?«, fragt er. »Das Baby bringt schönes Wetter mit.«

Das Baby!

Das war es! Das Schöne!

»Wo ist das Baby?«, fragt Robin.

»Immer noch in Mamas Bauch«, sagt Papa. »Aber nicht mehr lange.«

»Ich geh zu Mama«, sagt Robin.

Er rennt aus dem Zimmer.

»Halt, stopp!«, ruft Papa. »Bleib hier!«

Robin bleibt stehen.

»Ich helfe dir beim Anziehen«, sagt Papa, »und dann bringe ich dich zu Onkel Klaas und Tante Betty.« Onkel Klaas und Tante Betty wohnen auf der anderen Straßenseite. Bei ihnen ist es immer schön, aber heute will Robin nicht hin. Er will zu Mama und zusehen, wie das Baby geboren wird.

Doch das erlaubt Papa nicht.

Papa hilft Robin beim Waschen und Anziehen. Dann gehen sie zusammen die Treppe hinab.

»Wo ist Mama?«, fragt Robin.

»Im Wohnzimmer«, sagt Papa. »Dort steht jetzt ein großes Bett und in dem liegt Mama.«

Die Wohnzimmertür ist zu. Drinnen wird gesprochen. Robin hört Mamas Stimme und zwei fremde Stimmen.

»Frau Vlieger ist schon da«, sagt Papa.

Robin weiß, wer Frau Vlieger ist. Sie ist die Hebamme aus der Stadt. Die immer so fest auf Mamas Bauch drückt.

»Und dann ist noch ein junges Mädchen da«, erzählt Papa. »Sie bleibt ein paar Tage bei uns. Um Mama zu helfen, wenn das Baby da ist. Sie heißt Patricia.«

Robin stellt sich ganz dicht vor die Tür.

»Tschüss, Mama!«, ruft er.

Er muss fast weinen.

Aber nur fast.

»Tschüss, mein lieber Schatz!«, ruft Mama.

Robin und Papa gehen ins Freie. Sie überqueren die Straße. Auf halbem Weg bleibt Robin stehen. Er dreht sich zum Haus um. Die Vorhänge sind zu. Dann schaut er zum Haus von Onkel Klaas und Tante Betty. Dort sind die Vorhänge offen. Onkel Klaas steht am Fenster und hebt grüßend die Hand.

Als Robin und Papa drinnen sind, sagt Onkel Klaas: »Na, Herr Lehrer. Mir scheint, es geht los, was?«

Papa ist von Beruf Lehrer. Wenn Onkel Klaas ihn necken will, sagt er »Herr Lehrer« zu ihm. Robin dagegen sagt immer »Papa« zu Papa. Als Einziger. Das heißt, jetzt noch. Bald ist er nicht mehr der Einzige.

»Muss ich nicht in die Vorschule?«, fragt Robin.

»Heute nicht«, sagt Papa.

»Und musst du nicht in die Schule?«, fragt Robin.

»Auch nicht«, sagt Papa. »Ich hab angerufen.«

»Prima«, sagt Onkel Klaas, »ich muss auch nicht in die Schule. Schon seit dreißig Jahren nicht mehr. Dann können wir uns ja einen schönen Tag machen.«

Er geht zu einem Schrank und nimmt zwei kleine Gläser und eine große Flasche heraus.

»Wie wär's mit einem Schnäpschen, Herr Lehrer?«

»Du spinnst wohl«, sagt Papa. »Ich geh gleich wieder nach Hause. Ich will dabei sein, wenn das Baby geboren wird.«

»Ich auch«, sagt Robin. »Ich will auch dabei sein.«

»Es geht wirklich nicht«, sagt Papa.

Das wusste Robin bereits.

»Früher«, sagt Onkel Klaas, »früher durften auch die Väter nicht dabei sein, wenn ihr Kind geboren wurde. Und weißt du, was die Väter dann machten, Boss?«

Onkel Klaas nennt Robin immer »Boss«. Warum, weiß keiner. Boss Robin schüttelt den Kopf.

»Die Väter«, fährt Onkel Klaas fort, »die setzten sich gemütlich zum Nachbarn gegenüber, tranken ein Schnäpschen und rauchten eine dicke Zigarre. So machten die Väter das!«

Papa lacht.

»Das stelle ich mir ganz und gar nicht gemütlich vor«, sagt er.

»Aber im Gegenteil«, sagt Onkel Klaas. »Willst du eine dicke Zigarre, Herr Lehrer?«

»Nein, auch nicht«, sagt Papa.

»Jammerschade«, sagt Onkel Klaas.

Papa gibt Robin einen Kuss, dann eilt er zur Haustür.

Robin stellt sich ans Fenster. Papa rennt gerade über die Straße. Robin winkt ihm. Zum Glück sieht Papa sich um und winkt zurück. Dann verschwindet er im Haus.

»Hallo, Robin.«

Tante Betty ist ins Zimmer gekommen. Sie nimmt die kleinen Gläser und die große Flasche und stellt alles wieder in den Schrank.

»Jammerschade«, sagt Onkel Klaas.

Er zündet sich eine Zigarre an.

»Das neue Kindchen bringt schönes Wetter mit«, sagt Tante Betty.

Das hat Papa auch gesagt, denkt Robin. Er schaut zum Himmel. Der Himmel ist blau und klar.

»Dann wird's bestimmt ein schönes Kind«, sagt Onkel Klaas.

An den kahlen Zweigen der Bäume vor dem Haus hängen Regentropfen. Die Sonnenstrahlen lassen die Tropfen leuchten wie Strahleaugen. Wie tausend Strahleaugen.

Herbst

Robin steht am Fenster. Er sieht, wie die Sonne die Regentropfen leuchten lässt. Sie leuchten wie Strahleaugen. Genau solche Augen hat … Schnuff!

»Schnuff!«, ruft Robin. »Ich hab Schnuff vergessen!«

Er rennt zur Tür. Der Fußboden bei Onkel Klaas und Tante Betty ist ein bisschen schräg. Von der Tür zum Fenster kommt man langsamer voran, weil es bergauf geht. Aber vom Fenster zur Tür geht es bergab und man kann sehr schnell rennen. Robin ist bereits an der Tür.

Tante Betty hält ihn auf.

»Du kannst jetzt nicht nach Hause, mein Junge«, sagt sie. »Deine Mama braucht Ruhe.«

»Aber Schnuff will auch hier sein«, sagt Robin.

»Ich hab was anderes für dich«, sagt Tante Betty.

Sie geht die Treppe hinauf und kommt mit einer Puppe wieder.

»Das ist eine alte Puppe«, sagt Tante Betty.

Das sieht Robin. Es ist sogar eine sehr alte Puppe. Das riecht man.

»Mit dieser Puppe habe ich als kleines Mädchen gespielt«, sagt Tante Betty. »Vor langer Zeit. Früher.«

Tante Betty sieht Robin an.

»Weißt du, was früher bedeutet?«, fragt sie.

»Klar weiß ich das«, sagt Robin. »Das war, als es Ritter gab und als die Väter ein Schnäpschen beim Nachbarn gegenüber getrunken haben.«

Darüber muss Onkel Klaas mächtig lachen. Er lacht so sehr, dass er husten muss. Blauer Rauch von der Zigarre quillt ihm aus Mund und Nase. Tante Betty schüttelt den Kopf.

»Ein schlaues Kerlchen, unser Robin«, sagt sie.

Sie gibt Robin die alte Puppe.

»Du musst beim Spielen ganz vorsichtig sein«, sagt Tante Betty. »Die Puppe geht leicht kaputt. Weil sie so alt ist.«

Robin setzt sich hin und nimmt die alte Puppe auf den Schoß. Die alte

Puppe ist nicht lieb. Sie hat ein weißes Gesicht und steife Zöpfe. Ihre Augen sind starr. Ganz anders als Schnuffs Strahleaugen. Das sieht Robin genau. Schnuff ist viel lieber.

Aber Schnuff ist drüben. Bei Mama und Papa. Wo jetzt ein Bett im Wohnzimmer steht. Wo demnächst ein Baby geboren wird. Und Schnuff ist dabei. Der Glückspilz!

»Jetzt heißt es warten«, sagt Onkel Klaas.

Er sitzt in einem Sessel am Fenster, raucht seine Zigarre und schaut zur anderen Straßenseite hinüber.

»Warten und nochmals warten«, sagt er.

»Komm«, sagt Tante Betty zu Robin. »Wir beide kaufen ein. Wir fahren einfach los, und unterwegs überlegen wir, was wir kaufen wollen. Die Puppe darf auch mit. Aber du musst sie gut festhalten.«

Robin und Tante Betty gehen nach draußen. Tante Betty holt ihr Fahrrad und setzt Robin hinten drauf. Robin hält die alte Puppe ganz fest im Arm. Tante Betty setzt sich auf den Sattel und tritt in die Pedale.

Sie fahren an Robins Haus vorbei. Noch immer sind die Vorhänge zu. Und hinter den Vorhängen ...

Auf einmal hält Tante Betty an und steigt ab.

»Das darf doch nicht wahr sein!«, schimpft sie.

Sie sind vor Triens Haus.

Trien ist eine alte Frau. Sie ist älter als alle anderen im Dorf. Sogar älter als Tante Bettys alte Puppe. Ihr Gesicht ist noch weißer als das Puppengesicht und ihre Zöpfe sind steifer. Trien trägt immer schwarze Kleider. Sie wohnt ganz allein in ihrem Haus. Im Freien sieht man sie fast nie.

Tante Betty guckt zu Triens Haus.

»Jedes Jahr das Gleiche!«, schimpft sie.

Robin versteht nicht, warum Tante Betty so schimpft. Er guckt auch zum Haus. Es sieht aus wie immer.

»Trien! Komm da runter!«, schreit Tante Betty.

Robin schaut nach oben. Und da, hoch über der Straße, steht Trien in der schmalen Dachrinne. Sie hat einen Besen in der Hand und fegt die Dachrinne sauber. Nasse braune Blätter fallen herab und klatschen auf die Pflastersteine.

»Komm da runter!«, schreit Tante Betty
wieder.

Jetzt winkt Trien.

»Es ist Herbst!«, ruft sie.

»Ja!«, schreit Tante Betty. »Das weiß ich selber!
Komm da runter!«

»Im Herbst kommt alles runter!«, ruft Trien.
»Von ganz allein.«

Einer ihrer Zöpfe ist aufgegangen. Die langen
weißen Haare flattern im Wind.

Vielleicht steigt Trien gleich auf ihren
Besen, denkt Robin, und fliegt eine Runde ums
Haus.

»Blätter kommen runter«, ruft Trien. »Und
Kastanien kommen runter und Eicheln
kommen runter und alte Weiber
kommen runter …Ich komm
auch gleich, muss nur
noch um die Ecke rum.«

Wieder winkt sie, dann macht sie mit ihrer Arbeit weiter. Robin winkt zurück, aber das sieht Trien schon nicht mehr. Sie muss noch um die Ecke rum.

»Jedes Jahr das Gleiche!«, schimpft Tante Betty. »Jeden Herbst ...«

Sie steigt auf ihr Rad.

»Aber was soll's«, sagt sie zu Robin. »Immerhin ist Trien so zweiundneunzig geworden. Es wird schon gut gehen.«

Und Tante Betty tritt in die Pedale.

»Hältst du die Puppe auch gut fest?«, fragt sie.

Robin hält die alte Puppe gut fest.

So fahren sie die Dorfstraße entlang.

Puppe

Die Sonne scheint, aber die Straße ist noch nass. Überall sind Pfützen. Vorsichtig fährt Tante Betty um die Pfützen herum. Sie lenkt nach links und dann nach rechts. Und wieder nach links und wieder nach rechts. Lauter schöne Kurven. Auf der Straße ist kaum Verkehr, deshalb ist das nicht gefährlich.

Robin hält die alte Puppe ganz fest.

Plötzlich hupt es. Ein Auto! Hinter ihnen! Es hupt laut und lange. Tante Betty lenkt nach rechts. Sie fährt am Straßenrand entlang. Wie sich das gehört. Trotzdem hupt das Auto wieder. Noch lauter, noch länger.

»Verflixt und zugekleistert«, sagt Tante Betty.

Jetzt fährt das Auto neben ihnen her. Aus den Pfützen spritzt Wasser auf. Robins Schuhe werden nass.

Er wirft einen Blick auf das Auto. Es ist der Mercedes Benz! Onkel Klaas' Auto! Und am Steuer sitzt Onkel Klaas selbst. Er lacht und er raucht seine Zigarre und er lenkt und er hupt noch einmal und er winkt – Onkel Klaas kann alles gleichzeitig!

Tante Betty winkt auch. Und das ganze Fahrrad winkt mit. Es schlingert hin und her wie ein Schiff bei hohen Wellen. Beinahe wäre Robin runtergefallen! Er greift nach Tante Bettys Jacke und … die Puppe fällt ihm aus der Hand. Auf die Straße.

Der Mercedes beschleunigt und verschwindet um die Ecke.

»Das war Onkel Klaas«, sagt Tante Betty. »Verflixt und zugekleistert! So ein Rowdy!«

Sie lacht.

Robin sagt nichts. Er klammert sich an Tante Bettys Jacke und schaut vorsichtig über die Schulter. Die Puppe ist nirgends zu sehen. Wie kann das sein? Die ganze Straße ist leer.

»Tante Betty …«, sagt Robin.

»Was ist, mein Junge?«

Aber Robin traut sich nicht zu sagen, dass die Puppe runtergefallen ist.

Womöglich ist sie kaputtgegangen! Sie ist doch so alt! Tante Betty wird stinkwütend sein!

»Was gibt's, Robin?«, fragt Tante Betty.

»Das war Onkel Klaas, stimmt's?«, sagt Robin.

»Ja«, sagt Tante Betty. »Das war Onkel Klaas. Hast du ihn gesehen? So ein Rowdy!«

Wieder lacht sie.

Sie kommen zum Laden von Jan Kontakt. Jan Kontakt verkauft Lampen und Stecker. Und Radios. Tante Betty steigt von Rad. Sie hebt Robin herunter.

Und sie merkt es sofort.

»Wo ist die Puppe?«

»Die ist runtergefallen«, sagt Robin.

»Wo?«

»Da, wo Onkel Klaas so laut gehupt hat«, sagt Robin, »und wo das Rad so geschlingert hat.«

»Warum hast du nicht gleich was gesagt?«

»Ich hab mich nicht getraut«, sagt Robin.

»Warum nicht?«

»Weil du sonst wütend wirst.«

»Das bin ich auch«, sagt Tante Betty. »Ich bin ganz schön wütend. Und du bist ein dummer Junge!«

»Die Puppe ist weg«, sagt Robin.

»Das weiß ich inzwischen«, sagt Tante Betty. Sie versteht nicht, was Robin meint.

»Die Straße ist leer«, sagt Robin. »Die Puppe liegt nicht auf der Straße.«

So hat er es gemeint.

»Blödsinn!«, sagt Tante Betty.

Sie ist wirklich wütend. Sie setzt Robin wieder auf das Rad. Aber sie selbst fährt nicht mehr, sondern schiebt. Den Blick auf die Straße und auf die Pfützen gerichtet, geht sie neben dem Rad her. Ganz langsam. Aber sie sieht die Puppe nirgends.

»Wo genau hast du sie fallen lassen?«, fragt Tante Betty.

Sie fragt nicht ein Mal, nicht zwei Mal, ganze drei Mal fragt sie. Und dann noch ein Mal: »Wo genau hast du sie fallen lassen, Robin?«

Robin weiß es nicht mehr. Er weiß es einfach nicht mehr. Er will zu Mama. Zu Schnuff. Und zu Papa. Sein Blick wandert die Straße entlang. Zum Haus, in dem sein Freund Pieter wohnt, zum Haus des Bürgermeisters, zu Triens Haus und da …

Da steht jemand, mitten auf der Straße!

Es ist Papa!

Papa winkt. Mitten auf der Straße. Ganz wild. Mit seinen beiden langen Armen.

»Da ist Papa!«, schreit Robin. »Guck doch, Tante Betty! Da ist Papa … So ein Rowdy!«

Tante Betty steigt aufs Rad und fährt auf Papa zu, so schnell sie kann. Papa sieht es und beginnt zu tanzen. Mitten auf der Straße und mitten in den Pfützen. Es sieht lustig aus. Das Wasser spritzt nach allen Seiten. Und Papa singt ein Lied. Robin kann nur ein paar Worte verstehen.

»… hopsasa«, singt Papa.

»… ist da«, singt Papa.

»… Band«, singt Papa.

»… Land«, singt Papa.

Den Rest versteht Robin nicht. Tante Betty bremst knapp vor Papas tanzenden Füßen. Papa schnappt Robin, nimmt ihn in die Arme und tanzt weiter. Er tanzt im Kreis herum und wirbelt Robin durch die Luft. Papa singt sein Lied noch einmal. Jetzt kann Robin alles verstehen. Papa singt:

»Eins, zwei, drei und hopsasa,
   Robins Schwester ist nun da.
    Wir sind außer Rand und Band,
     denn unsre Suse ist im Land.«

Noch nie hat Robin seinen Papa so ausgelassen erlebt!

»Wirklich wahr?«, sagt Tante Betty. »Ist es ein Mädchen?«

»Und ob!«, brüllt Papa.

Tante Betty gibt Papa zwei dicke Schmatzküsse auf die Wangen. Sie nimmt ihm Robin ab und der bekommt gleich vier Küsse!

»Vergiss die alte Puppe, mein Junge«, sagt Tante Betty. »Du hast jetzt eine Schwester, das ist viel wichtiger. Geh nur und guck sie dir an …«

Suse!!!

Robin sitzt auf Papas starkem Arm. Papa geht durch den Vorgarten. Nein, er geht nicht, er tanzt noch immer. Papa tanzt auf das Haus zu und Robin tanzt mit. Er kann nicht anders, denn Papa hält ihn ja fest.

Die Vorhänge am Haus sind noch zu. Aber das macht nichts. Denn jetzt darf Robin sehen, was dahinter ist.

Papa trägt Robin ins Haus. Er trägt Robin durch die Diele und öffnet die Wohnzimmertür. Auf der Schwelle setzt er Robin ab. Robin ist ein bisschen unbehaglich zumute. Alles ist so anders, so seltsam.

Im Wohnzimmer brennen alle Lampen. Vor dem Bücherschrank steht ein weißes Bett. Es ist ganz groß. Ganz hoch. Ganz weiß. Und in dem Bett ... liegt Mama. Sie isst einen Zwieback.

Nicht zu fassen: Sie isst einen Zwieback!

»Hallo, großer Bruder«, sagt Mama.

»Hallo, Mama«, sagt Robin leise.

Er will zu Mama hingehen. Ganz vorsichtig. Auf Zehenspitzen. Doch da ... sieht er die Wiege! Sie steht neben dem großen hohen weißen Bett. Die Wiege ist aus braunem Holz und hat ein Spitzdach aus blauem Stoff.

Robin steht immer noch auf der Schwelle. Er will zu Mama hingehen. Und er will das Baby sehen. Das Baby und Mama. Alle beide. Aber er steht immer noch auf der Schwelle.

Papa streicht Robin übers Haar.

»Geh nur, mein Schatz«, sagt er.

»Gehen wir zusammen?«, fragt Robin.

»Einverstanden«, sagt Papa.

Er nimmt Robin an der Hand und zusammen gehen sie ins Zimmer. Zu Mama in dem weißen Bett. Mama hat ihr schönstes Nachthemd an. Papa gibt ihr einen dicken Kuss.

Robin lässt Papas Hand los. Er zieht den Vorhang der Wiege beiseite.

Die Wiege ist leer! Wo ist das Baby?

»Guck mal«, sagt Mama und lüpft ihre Bettdecke ein wenig.

Ganz nah bei Mama liegt ein aufgerolltes Handtuch. Und in dem Handtuch bewegt sich etwas!

Mama hebt einen Zipfel des Handtuchs an und … Robin sieht ein winziges Köpfchen. Das Köpfchen bewegt sich ein wenig hin und her. Robin sieht einen kleinen Mund, eine kleine Nase und zwei Äuglein. Die Äuglein sind zu.

»Das ist Suse«, sagt Mama.

Robin sieht feine Härchen auf dem kleinen Kopf. Sie sind verklebt, mit etwas Dunkelrotem. So wie Mamas Haare, als ihr die Blechwanne auf den Kopf gefallen war und der Arzt kommen musste.

»Was ist das?«, fragt Robin.

»Ein bisschen Blut«, sagt Mama.

»Das geht nachher beim Baden ab«, sagt Papa.

»Gib deinem Schwesterchen einen Kuss«, sagt Mama.

Aber das will Robin nicht. Das Baby hat keine einzige saubere Stelle am Kopf.

»Dann streichelst du Suse eben«, sagt Mama.

Das traut Robin sich.

Er streichelt das Baby.

Es ist das kleinste Baby, das er je gesehen hat.

Bisher wusste Robin nicht, dass Babys so klein sein können.

»Suse ist im Bücherschrank geboren«, sagt Papa.

»Ich hole Schnuff«, sagt Robin.

Er rennt aus dem Wohnzimmer. Er rennt die Treppe hinauf und in sein Zimmer. Da liegt Schnuff. Auf dem Bett. Robin packt ihn und rennt wieder aus seinem Zimmer, die Treppe hinab und ins Wohnzimmer.

Papa steht noch neben dem großen hohen weißen Bett, den Blick auf Mama und das Baby gerichtet. Mama hat ihr Nachthemd aufgeknöpft. Das Baby trinkt aus einer von Mamas Brüsten. Es macht Schmatz- und Grunzgeräusche. Ab und zu flutscht Mamas Brustwarze aus dem Mund des Babys. Dann schiebt Mama sie mit dem kleinen Finger wieder zurück.

»Das ist Schnuff«, sagt Robin.

Das Baby trinkt schmatzend weiter.

»So ein Rowdy!«, sagt Robin.

Papa lacht.

Und auf einmal ... gibt Schnuff dem Baby einen Kuss! Mitten auf den Kopf. Mit all dem Blut!

»Wir müssen Oma und Opa anrufen«, sagt Papa. »Die wissen noch gar nicht, dass du eine Schwester hast.«

»Darf ich's ihnen sagen?«, fragt Robin.

»Klar«, sagt Papa.

Papa wählt die Nummer und Robin hält sich den Hörer ans Ohr. Tuuut, macht es, tuuut, tuuut ... Dann hört Robin die Stimme von Opa. Opa in der großen Stadt! Mit einem Mal ist Robin ganz verlegen.

»Ich hab eine Schwester«, flüstert er.

»Bist du das, Robin?«, fragt Opa.

Robin nickt, aber das kann Opa nicht sehen. Er muss wohl ein bisschen lauter sprechen.

»Ich hab eine Schwester«, sagt Robin ein bisschen lauter.

»Wie schön, mein Junge«, sagt Opa.

Wieder nickt Robin.

»Wie heißt deine Schwester?«, fragt Opa.

Das weiß Robin nicht. Er weiß es wirklich nicht. Er hat es vergessen.

»Wie heißt das Baby gleich wieder?«, fragt er Papa.

»Suse«, sagt Papa.

»Suse«, sagt Robin.

»Ein schöner Name«, sagt Opa. »Oma und ich, wir kommen gleich morgen, um sie anzuschauen. Aber sag mal, Robin, wie viele Zehen hat Suse?«

Auch das weiß Robin nicht! Er legt den Hörer weg und geht zu dem großen hohen weißen Bett.

»Wie viele Zehen hat Suse?«, fragt er.

Das Baby liegt immer noch an Mamas Brust und trinkt.

»Komm, wir zählen sie mal«, sagt Papa.

Er schlägt das Handtuch ein bisschen auseinander. Robin sieht zwei kleine Füße. Babyfüße. Mit Nägelchen. Babynägelchen. Die kleinsten Nägel auf der ganzen Welt.

Zusammen mit Papa zählt Robin die Zehen. Es sind zehn.

»Und jetzt die Finger«, sagt Papa.

Zusammen zählen sie die Finger des Babys. Auch die haben Nägelchen. An jedem Finger ist eines. Zehn Nägelchen an zehn Fingern.

»Zehn ist gut«, sagt Papa. »Sehr gut sogar.«

»Wie viele Zehen hab ich?«, fragt Robin.

»Auch zehn«, sagt Papa.

»Und wie viele Finger?«, fragt Robin.

»Zehn«, sagt Papa. »Zehn ist super.«

Robin nimmt den Hörer wieder.

»Zehn Zehen, Opa«, sagt er. »Und zehn Finger.«

»Bestens«, sagt Opa. »Wir kommen morgen und schauen uns deine Schwester an, mein Junge ... Bist du so nett und gibst Suse nachher einen Kuss von Oma und mir? Einen ganz lieben Kuss?«

Robin nickt.

Dann verabschiedet Opa sich.

Robin geht zu dem großen hohen weißen Bett. Suse trinkt immer noch.

»Suse«, sagt Robin. »Der ist von Opa und Oma«. Und er gibt Suse einen Kuss. Auf das Köpfchen. Mit all dem Blut.

»Und der«, sagt Robin, »der ist von mir, Suse«. Er gibt ihr noch einen Kuss. Ganz zart. So zart wie ein Vogelfederchen.

»Ich«, sagt Robin. »Ich bin Robin ... dein großer Bruder.«

Pinkelliese

Robin und Schnuff sitzen unter Mamas Bett. Unter dem hohen weißen Bett im Wohnzimmer. Robin hat seine Spielzeugeisenbahn geholt und baut die Schienen zusammen.

Es gefällt ihm unter dem Bett. Ein bisschen dunkel ist es da. Aber nicht sehr. Genau richtig. Manchmal dreht Mama sich im Bett um. Dann bewegt sich die Matratze über Robins Kopf.

Mama spricht gerade mit dem großen Mädchen Patricia. Patricia trägt einen weißen Kittel und hat einen Teller voller Zwieback gebracht. Der Zwieback ist mit harten rosa und weißen Streuseln bestreut. Wie man sie zur Geburt von Kindern isst. Ab und zu hält Patricia den Teller unters Bett. Dann darf Robin sich einen Zwieback nehmen. Zwieback isst er gern.

Robin stellt die Lok auf die Schienen. Plötzlich erschrickt er. Denn da ist Mamas Kopf. Unter dem Bett! Mama lacht. Ihr Kopf hängt verkehrt herum und ihre langen Haare streifen über den Boden.

»Hast du's gemütlich da unten?«, fragt Mama.

Robin nickt.

»Suse hat ein Geschenk für dich«, sagt Mama.

Robin vergisst immer wieder, dass das Baby Suse heißt.

Nun kommt auch Mamas Hand unters Bett. Mit dem Geschenk. Robin nimmt es und reißt das Papier auf. Es ist ein rosa Babypüppchen in einer kleinen rosa Badewanne. Robin weiß nicht recht, ob er sich darüber freut. Für Puppen hat er nicht viel übrig. Er spielt lieber mit seiner Eisenbahn. Und noch viel lieber Ritter.

»Danke schön«, sagt er.

»Gefällt dir das Geschenk?«, fragt Mama.

Robin nickt. Als Mamas Kopf wieder verschwunden ist, versteckt er das Püppchen und die Badewanne unter Suses Wiege.

Da kommt Papa ins Zimmer.

»Platz da! Platz da!«, ruft er.

Papa trägt eine weiße Plastikwanne voller Wasser. Sie ist sehr schwer. Das sieht man an Papas Gesicht. Er stellt die Wanne auf den Tisch. Dabei schwappt Wasser über den Rand.

»Ufff ...«, macht Papa.

»Soll ich Suse baden?«, fragt Patricia.

»Auf keinen Fall!«, sagt Papa. »Ich bin der stolze Vater. Ich bade mein kleines Mädchen selber!«

Papa geht auf das Bett zu. Robin sieht nur noch seine Hausschuhe und die Hosenbeine. Er kriecht unterm Bett hervor. Damit er alles sieht.

Ganz vorsichtig nimmt Papa das Baby auf den Arm. Es hat noch immer das Handtuch um. Papa hält eine Hand unter den kleinen Po und mit der anderen Hand stützt er das Köpfchen. Er legt Suse aufs Sofa und schlägt das Handtuch auseinander.

Da liegt das nackte Baby.

Das nackte Baby niest. Drei Mal. Ganz laut.

»Hörst du das, Robin?«, fragt Papa. »Hörst du das? Hörst du, wie gut Suse schon niesen kann?«

Robin nickt. Er hat es gehört.

»Was ist das da?«, fragt er und deutet auf das Handtuch.

Dort liegt etwas langes Schwarzes. Es sieht aus wie Lehm. Schwarzer Lehm. Es sieht aus wie Lakritz, wie Bärendreck.

»Sie hat gekackt!«, jubelt Papa. »Siehst du das, Robin? Siehst du das? Siehst du, wie gut Suse schon kacken kann?«

Robin nickt. Ja, er hat es gesehen.

Papa beginnt zu singen:

»Susekind, Susännchen,

kack mal in mein Pfännchen.

So, dass nichts danebengeht.

Ach, nun ist es schon zu spät!«

Das Lied gefällt Robin.

»Hast du für mich auch ein Lied gesungen?«, fragt er Papa.

»Aber sicher«, sagt Papa. »Das gleiche sogar.«

Wieder beginnt Papa zu singen:

»Robin, kleines Männchen,

kack mal in mein Pfännchen.

So, dass nichts danebengeht.

Ach, nun ist es schon zu spät!«

So gefällt Robin das Lied noch besser.

»Papa, können Mädchen auch Ritter sein?«, fragt er.

»Ich glaube schon«, sagt Papa. »Doch ja, das geht. Mädchen können alles genauso gut wie Jungs.«

Und dann ... pinkelt Suse. Einen satten Strahl. Auf Papas Hand. Und auf Papas Armbanduhr. Die teure Uhr!

Robin erschrickt.

Papa nicht. Der bricht in lautes Lachen aus.

»Hast du das gesehen, Robin? Hast du gesehen, wie gut Suse schon pinkeln kann? Genauso gut wie du! Supergut war das!«

Papa trocknet seine Hand und die Uhr mit dem Handtuch ab. Er gibt dem Baby einen Kuss aufs Köpfchen.

»Unglaublich, was unsere kleine Pinkelliese schon alles kann«, sagt Papa. »Sie kann schon niesen und kacken und pinkeln.«

Er gibt dem Baby noch einen Kuss.

»Suse«, sagt Papa, »wir sind sehr, sehr stolz auf dich.«

»Und zehn Zehen hat sie«, sagt Robin.

»Aber hallo!«, sagt Papa.

»Und zehn Finger«, sagt Robin.

»Und ob«, sagt Papa.

»Ich kann schon bis zehn zählen«, sagt Robin.

Papa gibt Robin einen Kuss auf den Kopf.

»Alle Achtung, mein Großer«, sagt er.

»Auf dich bin ich auch sehr stolz.«

Robin nickt. So ist es gut.

Er kriecht unter die Wiege und holt das rosa Püppchen und die rosa Badewanne hervor.

Baden

Robin und Papa stehen im Wohnzimmer neben dem Tisch. Auf dem Tisch sind eine große weiße Wanne und eine kleine rosa Wanne. Auch die rosa Wanne ist jetzt mit Wasser gefüllt.

Auf dem Sofa liegen zwei Babys. Mit geschlossenen Augen. Die Babys sollen baden. Alle beide.

Papa krempelt einen Ärmel hoch und hält seinen nackten Ellbogen ins Wasser.

»Mmm, genau richtig«, sagt er.

Robin krempelt auch einen Ärmel hoch und hält seinen nackten Ellbogen ins Wasser.

»Mmm, genau richtig«, sagt er.

Dann holen die Männer die Babys vom Sofa.

Baby Suse fängt an zu weinen.

»Hörst du das, Papa?«, fragt Robin. »Wie gut Suse schon weinen kann? Mein Baby weint auch.«

»Einfach toll«, sagt Papa.

»Ich bin stolz auf dich«, sagt Robin zu seinem Baby. »Ich bin sehr, sehr stolz auf dich, du kleine Pinkelliese.«

Die Männer heben die Babys ins Wasser. Ganz vorsichtig. Vorsichtiger geht es kaum. Trotzdem erschrecken die Babys über das Wasser. Sie weinen lauter.

Doch dann, auf einmal … gefällt es ihnen! Sie werden ganz ruhig, ganz still! Ohne einen Laut liegen sie im lauwarmen Wasser.

»Schau mal«, sagt Papa.

Er zeigt Robin, wie man Babys festhalten muss. Sein Unterarm liegt hinter dem Babykopf und seine Hand greift unter der Achsel des Babys durch und umfasst seinen Oberarm. Mit der anderen Hand gießt Papa immer wieder Wasser über das nackte Körperchen und wäscht sorgsam alle Blutflecken weg.

Robin macht es bei seinem Baby genauso. Und er singt dazu:

»Baden macht dem Baby Spaß,

weil da wird das Baby nass.«

»Schönes Lied!«, sagt Papa. »Von wem hast du das gelernt?«

»Von niemand«, sagt Robin und er singt das Lied ein zweites Mal:

»Baden macht dem Baby Spaß,

weil da wird das Baby nass.«

»Sing noch mal«, sagt Papa. »Und guck dabei zu Suse hin. Was sie dann macht.«

Robin singt sein Lied ein drittes Mal:

»Baden macht dem Baby Spaß,

weil da wird das Baby nass.«

Und da sieht er es! Während er singt, wendet das Baby ihm das Gesicht zu. Das Näschen, das Mündchen, die kleinen Augen, die noch zu sind … Alles wendet Suse Robin zu. Ihrem großen Bruder, der so schön singen kann.

»Baden macht dem Baby Spaß,

weil da wird das Baby nass«, singt Robin.

Und plötzlich … öffnet Suse die Augen. Ein kleines bisschen nur. Ein winzig kleines bisschen. Einen schmalen Spalt.

»Papa!«, ruft Robin. »Suse hat auch blaue Augen. So wie ich.«

Papa nickt lächelnd.

»Das kommt, weil sie deine Schwester ist«, sagt er.

Robin hat sein eigenes Baby völlig vergessen. Er sieht Suse in der weißen Wanne an und Suse sieht Robin an. Ihre Augen strahlen blau aus ihrem faltigen Gesichtchen.

Papa wäscht Suses Händchen.

»Suse«, sagt er, »deine Handschuhe sind zu groß.«

Suses Händchen sind blau und voller Falten und Runzeln. Ihre Haut ist noch ein bisschen zu groß für die Fingerchen darin. Papa hat recht: Es sieht aus, als hätte Suse zu große Handschuhe an.

Patricia breitet zwei frische Handtücher auf dem Sofa aus. Robin und Papa heben ihre Babys aus dem Wasser und legen sie auf die Handtücher. Sie trocknen die Babys ab. Ganz vorsichtig. Vorsichtiger geht es kaum. Trotzdem fangen die Babys zu weinen an.

»Na so was«, sagt Papa. »Erst wollen sie nicht in die Wanne und jetzt wollen sie nicht raus. Komische Babys sind das.«

»Pinkelliesen«, sagt Robin.

Die Männer mummeln die kleinen Pinkelliesen in die Handtücher ein. Die komischen Babys hören auf zu weinen. Es ist still im Zimmer.

»Setz dich mal aufs Sofa«, sagt Papa zu Robin. »Mit dem Rücken an die Lehne.«

»Warum?«, fragt Robin.

»Mach's einfach«, sagt Papa.

Robin setzt sich aufs Sofa. Mit dem Rücken an die Lehne und die Beine nach vorn gestreckt.

»Arme auf«, sagt Papa.

Robin hält die Arme auf und Papa legt Suse sanft auf Robins Schoß.

»Arme zu«, sagt Papa.

Robin schließt die Arme um Suse. Ganz still liegt sie auf seinem Schoß. Robin wagt kaum, sich zu bewegen. Ihm ist ein bisschen seltsam zumute.

»Halt sie gut fest«, sagt Papa.

Er holt seine Kamera. Dann kniet er sich vor das Sofa und richtet die Kamera auf Robin und Suse. Sonst lässt Robin sich nicht gern fotografieren, heute aber schon.

»Papa«, sagt er. »Schnuff will auch aufs Foto.«

Papa holt Schnuff und setzt ihn neben Robin. Dann kniet er sich wieder hin. Robin duckt sich ein bisschen hinter Suse. Ihre Härchen kitzeln an seiner Nase. Die Härchen riechen unglaublich gut. Noch viel besser als frisch gemähtes Gras.

KLICK!

Das Foto ist im Kasten.

KLINGELING!

Die Türklingel.

Onkel Klaas und Tante Betty kommen herein.

KLNGELING!

Jetzt kommen Pieters Eltern.

KLINGELING!

Und jetzt die Lehrer und Lehrerinnen aus der Schule.

Es geht hoch her im Wohnzimmer. Manchen Leuten muss Robin einen Kuss geben, anderen die Hand. Aber nicht allen. Zum Glück.

Er hat sich unter Mamas hohes weißes Bett verzogen und zeigt Schnuff, wie man Babys badet.

König

Der Besuch ist wieder weg. Patricia hat alle fortgeschickt.

»Husch!«, hat sie gesagt und in die Hände geklatscht. »Alle raus hier! Suse und ihre Mama müssen jetzt schlafen.«

Die Leute standen auf und gingen.

Auch Robin und Papa mussten aus dem Zimmer.

Jetzt sitzen sie zusammen in der Küche. Sie essen weiße Bohnen in Tomatensoße und dazu Spiegeleier.

»Müssen wir keine Bohnen für Mama aufheben?«, fragt Robin.

»Nein«, sagt Papa. »Mama freut sich so über die kleine Suse, dass sie nur Zwieback mit rosa und weißen Streuseln essen will.«

Papa steht auf.

»Komm«, sagt er, »wir gehen an die frische Luft. Wir fahren ein Stück mit dem Rad.«

Sie ziehen ihre Jacken an.

»Und unterwegs«, sagt Papa, »erzählen wir allen, die wir sehen, dass du eine kleine Schwester bekommen hast. Der ganzen Welt erzählen wir es!«

Sie fahren durchs Dorf. Aber weil es wieder regnet, ist kein Mensch auf der Straße. Sie können niemandem die große Neuigkeit erzählen. Deshalb fängt Papa wieder an zu singen:

»Eins, zwei, drei und hopsasa,

Robins Schwester ist nun da.

Wir sind außer Rand und Band,

denn unsre Suse ist im Land.«

Vor Jan Kontakts Laden steht Nellies Mutter. Nellie geht mit Robin in die Vorschule. Nun können sie es doch jemandem erzählen. Aber das ist gar nicht mehr nötig: Nellies Mutter hat es sich schon gedacht.

»Ihr seht so fröhlich aus«, sagt sie. »Ist das Baby schon da?«

»Und ob!«, sagt Papa.

»Und was ist es?«, fragt Nellies Mutter.

»Ein Mädchen«, sagt Papa.

»Toll«, sagt Nellies Mutter. »Habt ihr ein Glück! Erst ein Junge, dann ein Mädchen!«

»Ja«, sagt Papa. »Ich fühle mich so reich wie ein König. Jetzt hab ich einen Prinzen und eine Prinzessin.«

Auf einmal wird der Regen stärker. Nellies Mutter gibt Papa die Hand und streicht Robin kurz über den Schopf. Dann steigt sie auf ihr Rad und fährt schnell davon.

»Wir sollten auch besser zurückfahren«, sagt Papa.

Er tritt kräftig in die Pedale und beugt sich über den Lenker. »Halt dich gut fest!«, ruft er Robin zu.

Mit Karacho sausen sie durchs Dorf. Nach Hause. Der kalte Regen peitscht ihnen ins Gesicht, trotzdem singt Papa wieder.

Auch Robin macht der Regen nichts aus. So bekommen sie wenigstens viel frische Luft ab.

Ein Stück entfernt sieht Robin zwei Jungen. Zwei große Jungen aus der Schule. Sie gehen schon in die vierte Klasse. »Hallo!«, ruft Robin. »Ich hab eine kleine Schwester!«

Die Jungen hören ihn nicht. Sie reden, lachen, schubsen einander und stapfen durch die Pfützen.

»Hallo!«, ruft Robin. »Ihr da!«

Aber die Jungen hören ihn immer noch nicht.

Robin will so gern erzählen, dass er eine Schwester hat. Eine kleine Schwester namens Suse. Er ist so stolz! Er will so gern sagen, dass er jetzt ein großer Bruder ist. Er fühlt sich auch ganz groß und wichtig. Er will zu den Jungen, um ihnen alles zu erzählen …

Robin springt ab.

Er springt gut, denn er landet auf den Füßen. Aber dann fällt er hin. Er fällt vornüber und schürft sich die Knie, die Hände und die Nase auf. Robin schreit vor Schmerzen laut auf.

Papa springt vom Fahrrad. Das Rad fällt um. Mitten auf der Straße. Papa hebt es nicht auf, sondern rennt zu Robin hin. Auch die großen Jungen kommen gerannt. Zu dritt beugen sie sich über Robin.

»Du solltest dich doch gut festhalten!«, sagt Papa.

»Er ist abgesprungen«, sagt einer der Jungen.

»Warum denn, Robin?«, fragt Papa.

Aber Robin kann nichts sagen, weil ihm das Weinen in der Kehle sitzt.

»Ruhig«, sagt Papa. »Ganz ruhig. Wo tut es weh?«

Robin zeigt seine Hände vor. Er will nicht weinen, aber in seinen Augen brennen Tränen. Er kneift die Augen fest zu und den Mund auch. So ist es am besten.

»Du bist tapfer«, sagt Papa. »Du bist ein tapferer Ritter.«

Das soll Papa nicht sagen! Es ist ein Geheimnis. Robins und Schnuffs Geheimnis. Nur Mama und Papa dürfen wissen, dass Robin und Schnuff Ritter sind. Und Suse ...

Papa streicht Robin über den Kopf.

»Mein tapferer Validon«, sagt er.

Den Namen Validon darf er schon gar nicht sagen!

»Das darfst du nicht sagen«, flüstert Robin.

»Entschuldigung«, flüstert Papa.

Papa will Robin einen Kuss geben, aber Robin dreht den Kopf weg. Er ist wütend auf Papa und schaut woandershin. Mit Absicht. Er schaut zum Straßenrand. Dort stehen kahle Sträucher. Und unter den Sträuchern ... Sieht Robin richtig?

Tatsächlich! Da liegt ... Tante Bettys alte Puppe!

Für einen Moment vergisst Robin die Schmerzen. Er steht auf, geht zum Straßenrand und nimmt die Puppe. Sie ist klitscheklatschenass und hat Schrammen an den Knien, an den Händen und an der Nase. Da spürt Robin die Schmerzen wieder. Er fängt an zu weinen.

Papa hebt Robin hoch und setzt ihn hinten aufs Rad. Ganz langsam fahren sie los, im strömenden Regen.

»Tschüss, Ritter Valdidon!«, rufen die Jungen.

Da sieht man's! Jetzt wissen die Jungen alles!

Kalte Regentropfen und heiße Tränen laufen über Robins Wangen.

»Wollen wir die Puppe gleich zu Tante Betty bringen?«, fragt Papa.

»Das will ich nicht«, sagt Robin.

»Weißt du was?«, sagt Papa. »Wir lassen sie erst mal über Nacht trocknen. Und morgen bringen wir sie zurück.«

»Will ich auch nicht«, sagt Robin.

»Was willst du dann?«, fragt Papa.

»Du sollst es machen«, sagt Robin.

Das verspricht Papa.

Zu Hause klebt Patricia Pflaster auf Robins Knie, auf seine Hände und auf seine Nase. Das kann sie sehr gut.

Mama liegt in dem hohen weißen Bett und liest.

»Wollen wir unter Mamas Bett spielen, Papa?«, fragt Robin.

»Wenn ihr ganz leise seid, dürft ihr das«, sagt Mama. »Könnt ihr leise sein?«

Robin und Papa nicken. Sie nicken ganz leise.

»Dann bin ich wieder Ritter Validon«, sagt Robin, »und Schnuff ist Ritter Bullerich und du bist der König, Papa.«

»Wie, ich darf der König sein? Das ist ja toll!«

»Du warst doch vorhin schon ein König«, sagt Robin.

»Wie bitte?«

»Ein König mit Prinz und Prinzessin«, sagt Robin.

»Ach ja, genau«, sagt Papa.

»Gebt Ruhe, ihr beiden«, sagt Mama. »Suse schläft.«

Vorsichtig hebt Robin Mamas Bettdecke hoch. Aber da ist Suse nicht.

»Sie liegt in ihrer Wiege«, sagt Mama.

Ganz vorsichtig zieht Robin den blauen Vorhang beiseite. Er will Suse seine Pflaster zeigen. Aber Suse schläft. Robin sieht nur ihre Härchen und ihre kleine Nase. Ihre Augen sind wieder zu. Die strahlend blauen Augen.

Schwertkampf

Mitten in der Nacht wird Robin wach. Hellwach. Er setzt sich im Bett auf.

Irgendwas ist komisch. Was war es gleich wieder? Ach ja … Er hat ein Pflaster auf der Nase! Und an den Händen sind auch Pflaster. An jeder Hand eines. Robin betastet seine Knie. Auch dort hat er Pflaster. Fünf Stück sind es. Das ist das Komische.

Und dann ist da noch etwas ganz Normales. Was war es gleich wieder? Ach ja … Er muss pinkeln.

Robin steht auf. Er knipst das Flurlicht an und geht die Treppe hinab. Na so was! In der Küche brennt noch Licht. Robin geht hinein.

Da sitzt Papa. Ganz allein. In der Hand hält er eine Flasche Bier und seine Beine hat er auf dem Küchentisch ausgestreckt. Papa sitzt auf seinem Stuhl, aber der steht nicht auf vier Beinen, nein, der Stuhl kippelt auf nur zwei Beinen. Dieser Papa! Macht lauter Sachen, die Robin nicht darf!

Robin bleibt neben der Tür stehen.

Da bemerkt Papa ihn.

»Mann!«, sagt er. »Bin ich froh, dass du gekommen bist. Willst du ein Stückchen Käse?«

»Wo ist Mama?«, fragt Robin.

»Mama liegt in dem Bett im Wohnzimmer«, sagt Papa. »Sie schläft. Und Suse schläft neben ihr in der Wiege.«

»Gehst du nicht ins Bett?«, fragt Robin.

»Ich bin so furchtbar müde«, sagt Papa, »dass ich nicht schlafen kann.«

Was soll das nun wieder heißen?

»Hast du es denn schon probiert?«, fragt Robin.

Das fragt Papa auch immer, wenn Robin nicht schlafen kann.

Papa lacht.

»Nein«, sagt er. »Nicht richtig. Ich glaube, ich bin viel zu glücklich, um schlafen zu können.«

Glücklich sieht Papa aber nicht aus. Seine Augen sind ein bisschen rot.

»Hast du geweint?«, fragt Robin.

»Hab ich«, sagt Papa.

Robin erschrickt. Papa weint sonst nie! Jetzt aber schon.

»Ich hab geweint«, sagt Papa, »weil ich so glücklich bin. So furchtbar, unglaublich und ungeheuer glücklich und so ... so froh.«

»Und darum musst du weinen?«, fragt Robin.

»Setz dich zu mir«, sagt Papa.

»Ich muss dringend pinkeln«, sagt Robin.

»Ich auch«, sagt Papa. »Mann, ganz dringend sogar. Aber ich war zu müde, um aufs Klo zu gehen. Vielleicht auch zu glücklich. Aber jetzt ... jetzt gehen wir beide pinkeln. Zusammen.«

Noch nie hat Robin Papa so verrückt erlebt! Aber es ist lustig, mitten in der Nacht verrückte Sachen zu machen. Papa steht auf und sie gehen zusammen zum Klo.

Sie pinkeln zusammen. Jeder mit einem kräftigen Strahl.

»Schwertkampf!«, ruft Papa.

Und er schlägt mit seinem Pinkelstrahl auf den von Robin. Robin schlägt zurück. Das macht Spaß! Es ist ein richtiger Kampf. Die Strahlen sind die Schwerter. Sie schlagen hart aufeinander. Und durcheinander durch. Das geht auch.

Robins Strahl spitzt weit über den Klorand hinaus. Papas Strahl auch.

»Ui, da ist ja ganz schön was danebengegangen«, sagt Papa, als sie fertig sind.

Er holt einen Lappen und wischt den Boden auf.

»Ist nicht schlimm«, sagt er, »nach einem zünftigen Schwertkampf muss man immer aufwischen.«

Sie waschen sich die Hände und gehen wieder in die Küche. Papa holt den Käse aus dem Kühlschrank und schneidet zwei dicke Zigarren davon ab. Käsezigarren. Eine für Robin und eine für sich selbst. Papa setzt sich wieder hin und Robin macht es sich auf seinem Schoß gemütlich. Dann beginnen sie, genüsslich zu kauen.

»Ich bin gerührt«, sagt Papa. »Darum musste ich weinen. Ich bin so glücklich über die kleine Suse, so froh ... Das nennt man gerührt. Ich könnte vor lauter Glück an der Lampe schaukeln.«

»Dann kriegst du einen Schlag«, sagt Robin.

»Genau«, sagt Papa. »Und ich könnte vor lauter Glück vom Dach springen.«

»Dann brichst du dir die Beine«, sagt Robin.

»Genau«, sagt Papa. »Und ich könnte vor lauter Glück die ganze Schule mit Mayonnaise zuschmieren.«

»Dann musst du alles wieder selber putzen«, sagt Robin.

»Genau«, sagt Papa. »Wenn ich glücklich bin, würde ich am liebsten lauter

verrückte Sachen machen. Lauter total verrückte Sachen. Aber ich mach's nicht. Schließlich bin ich nicht verrückt. Aber ich würde schon gern. Mein Kopf ist dann voller verrückter Ideen, aber ich mache nichts davon … Und dann, tja, dann kommen mir manchmal einfach die Tränen. Komisch, was? Ich glaube, die vielen verrückten Ideen in meinem Kopf drücken die Tränen raus.«

Robin denkt nach.

»Als Mama erzählt hat, dass Suse in ihrem Bauch ist«, sagt er, »da wollte ich auf meinen Spielzeugschrank klettern.«

»Genau!«, sagt Papa. »Aber du hast es nicht gemacht.«

»Das darf ich doch nicht!«, sagt Robin.

»Genau!«, sagt Papa. »Ist ja auch völlig verrückt, wenn man auf seinen Spielzeugschrank klettert.«

»Ich hab aber nicht geweint«, sagt Robin.

»Das stimmt«, sagt Papa.

»Ich hab nicht gewusst, dass das geht«, sagt Robin.

Darüber muss Papa furchtbar lachen. Robin will nicht, dass Papa so laut lacht. Er will etwas fragen. Etwas Wichtiges.

»Papa …«, sagt er.

Papa lacht immer noch. Aber zum Glück nicht mehr so laut. »Was ist denn, mein Schatz?«, fragt er.

»Papa, warst du auch gerührt, als ich geboren wurde?«, fragt Robin.

»Und wie«, sagt Papa.

»Hast du wegen mir auch geweint?«

»Ganz furchtbar geweint«, sagt Papa.

»Hast du da auch ganz allein in der Küche gesessen?«

»Nein«, sagt Papa. »Ich hab auf meinem Fahrrad gesessen.«

»Warum denn?«

»Das erzähle ich dir gleich«, sagt Papa.

Hüte

Robin und Papa sind in der Küche. Robin sitzt auf Papas Schoß. Es ist mitten in der Nacht. Papa hat seine Beine wieder auf dem Tisch ausgestreckt und Robins Beine liegen auf denen von Papa. Ihr Stuhl kippelt gefährlich auf zwei Beinen. So sitzen sie da, eng aneinandergeschmiegt. Mitten in der Nacht.

»Also«, sagt Papa. »Als Mama und ich wussten, dass du bald auf die Welt kommen würdest, da sind wir ins Krankenhaus gefahren. Mama mit der Straßenbahn und ich mit dem Rad.«

»Bin ich in einem Krankenhaus geboren?«, fragt Robin.

Papa nickt. »Wir wohnten damals noch in der großen Stadt«, sagt er. »Und in der großen Stadt ist alles anders.«

»Opa und Oma wohnen auch in der großen Stadt«, sagt Robin.

»Genau«, sagt Papa. »In eben dieser Stadt war es. Nun denn: Als Mama merkte, dass du aus ihrem Bauch rauswolltest, sind wir ins Krankenhaus gefahren. Mama mit der schönen blauen Straßenbahn und ich auf dem Rad. Es war Abend und ich dachte: Vielleicht wird unser Kind mitten in der Nacht geboren, wenn keine Bahnen mehr fahren. Dann muss ich zu Fuß nach Hause gehen.«

»Hast du nicht bei Mama bleiben dürfen, als ich da war?«, fragt Robin.

»Nein«, sagt Papa. »In dem Krankenhaus war das nicht erlaubt. Darum hab ich das Fahrrad genommen. Vom Krankenhaus bis zu uns nach Hause war es nämlich ein weiter Weg. Die große Stadt ist groß, weißt du.«

Das weiß Robin. Er war schon oft in der großen Stadt.

»Es war ganz witzig«, erzählt Papa weiter. »Mama stieg in die Straßenbahn und ich stieg aufs Rad. Die Bahn fuhr los und ich radelte los. Natürlich war die Bahn viel schneller als ich, aber ich strengte mich mächtig an. Ich trat in die Pedale, was das Zeug hielt. Es war kalt an dem Abend und es schneite auch ein bisschen, trotzdem standen mir Schweißtropfen auf der Stirn. Ich schaffte es nicht, so schnell zu fahren wie die Bahn. Aber jedes Mal, wenn sie anhielt, damit Leute aus- und einsteigen konnten, holte ich die Bahn wieder ein und dann winkte ich Mama und Mama winkte mir. Wir hatten unseren Spaß daran. Die Fenster der Straßenbahn waren hell erleuchtet, sodass ich Mama gut sehen konnte. Sie hatte einen Sitzplatz am Fenster.

Die Straßenbahn war ziemlich voll, aber wenn man eine Dame mit dickem Bauch ist, steht immer ein Herr auf und bietet seinen Platz an. So gehört sich das. Du musst es auch so machen … Jedenfalls, als Mama in die Bahn stieg, da standen alle Herren auf. Alle gleichzeitig. Sie hatten Hüte auf, runde Hüte, Melonen nennt man die. Und sie lüfteten alle gleichzeitig ein wenig den Hut, sodass ihr glänzendes kurz geschnittenes Haar gut zu sehen war. Sie machten einen Diener vor Mama. Und keiner der Herren setzte sich mehr hin, sie blieben alle stehen! Solche Herren waren das.

So fuhr Mama durch die Stadt, durch die ganze große Stadt und alle Herren standen um sie herum und lächelten ihr zu.

Als die Straßenbahn durch eine scharfe Kurve fuhr, fielen all die Herren fast um. Die Hüte flogen ihnen vom Kopf und kullerten durch die Bahn, und dann hoben die Herren ihre Hüte wieder auf, aber die Hüte sahen alle gleich aus, deshalb gab es ein Riesendurcheinander, bis jeder wieder seinen eigenen Hut hatte. Dass jeder seinen eigenen Hut wiederbekam, war sehr wichtig, denn die Herren mit großen Köpfen hatten große Hüte und die Herren mit kleinen Köpfen hatten kleine Hüte. Darum war es so wichtig, dass auf jeden Kopf wieder der richtige Hut kam. Tja, und als endlich jeder Herr wieder seinen eigenen Hut aufhatte, da fuhr die Bahn auch schon durch die nächste scharfe Kurve und die Herren fielen fast um und die Hüte flogen ihnen vom Kopf und kullerten durch die Bahn und die Herren hoben die Hüte wieder auf.«

»Papa«, sagt Robin. »War das wirklich so?«

»Nein«, sagt Papa. »Und als die Straßenbahn beim Krankenhaus hielt, stieg Mama aus und ich war schon da! Genau rechtzeitig. Ich war gerade dabei, mein Rad abzuschließen. Vom schnellen Fahren hatte ich einen roten Kopf, aber das störte Mama nicht.

Sie freute sich riesig, dass ich da war! So brauchte sie das Baby nicht ganz allein auf die Welt zu bringen … Und das stimmt jetzt wirklich.

Es schneite immer noch, und als Mama aufstand, um aus der Bahn zu steigen, eilten alle Herren hinaus und spannten ihre Regenschirme auf, ihre großen schwarzen Schirme, und sie bildeten eine lange Kette von der Tür der Straßenbahn bis zur Tür des Krankenhauses. So gelangte Mama schön trocken unter einem Dach aus Schirmen ins Krankenhaus.

›Der da drüben bei dem Fahrrad ist mein Mann‹, sagte Mama. ›Er ist der Papa des Babys in meinem Bauch.‹

Alle Herren zogen den Hut vor mir und sie schenkten mir dicke Zigarren und wollten mir in der Kneipe gegenüber ein Schnäpschen spendieren. Aber das wollte ich natürlich nicht. Ich ging mit Mama ins Krankenhaus rein und die Straßenbahn fuhr weg und die vielen Herren blieben unter ihren schwarzen Regenschirmen im Schnee stehen. Solche Herren hab ich später nie wieder gesehen.«

»Gar nicht wahr«, sagt Robin.

»Wohl wahr«, sagt Papa. »So was gibt es in der großen Stadt.«

»Erzählst du jetzt, wie es wirklich war, als ich geboren wurde?«, fragt Robin.

Papa seufzt tief.

»Dann mal los«, sagt er. »Aber hinterher gehst du sofort ins Bett.«

»Darf ich ins große Bett?«, fragt Robin.

»Mann, bin ich froh, dass du fragst«, sagt Papa. »Ich hatte schon Angst, ich müsste heute Nacht allein schlafen. Weißt du was? Wir legen uns jetzt gleich ins Bett. Dann erzähle ich dort weiter.«

Papa nimmt Robin auf den Arm und trägt ihn aus der Küche. Durch die Diele. Die Treppe hinauf.

Oben holen sie Schnuff aus Robins Zimmer und legen sich dann ins große Bett. Zu dritt.

Pimmel

Im Elternschlafzimmer gibt es kein Nachtlämpchen. Es ist stockdunkel. Aber das findet Robin jetzt nicht schlimm. Er liegt neben Papa im großen Bett. Schnuff ist auch da. Papa liegt auf dem Rücken. Robin liegt auf der Seite, ganz nah bei Papa. Schnuff liegt zwischen ihnen und wird fast platt gedrückt. Aber das findet Schnuff gemütlich.

Nun erzählt Papa, wie es wirklich war, als Robin geboren wurde. Denn das will Robin wissen.

»Im Krankenhaus«, sagt Papa, »musste Mama sich gleich auf ein hohes weißes Bett legen. So ein Bett wie das unten im Wohnzimmer. Eine Krankenschwester sagte, dass Mama ruhig bleiben und auf den Arzt warten sollte. ›Ich kann aber nicht warten!‹, rief Mama. ›Mein Baby will raus, das spüre ich genau!‹ Aber der Arzt half gerade einer anderen Frau beim Kinderkriegen.«

»Konnte ich nicht allein rauskommen?«, fragt Robin.

»Nein«, sagt Papa, »dabei muss Mama helfen. Indem sie ganz fest mit dem Bauch drückt.«

»Drücken tut man auf eine Türklingel«, sagt Robin.

Papa muss lachen.

»Musste Mama mich auskacken …?«, fragt Robin.

»Nein, so sagt man nicht«, sagt Papa. »Es heißt pressen. Aber Mama durfte noch nicht pressen, weil der Arzt nicht da war. Das war nicht schön für sie, denn sie spürte ja, dass du rauswolltest. Mannomann, ganz dringend wolltest du raus!«

»Wahrscheinlich, weil ich Mama und dich endlich sehen wollte«, sagt Robin.

»Und wir wollten dich endlich sehen, das kannst du mir glauben«, sagt Papa. »Die arme Mama … Aber schließlich kam der Arzt. Er stürmte ins Zimmer, ganz schnell! So schnell wie … wie ein Stück Seife, das einem aus der Hand flutscht.«

»Hui, das ist schnell!«, sagt Robin.

»Es war auch höchste Zeit«, sagt Papa. »Zum Glück sagte der Arzt, dass du gleich kommen durftest. Da war Mama sehr froh! Noch nie habe ich sie so strahlen sehen. Sie fing sofort an zu pressen.«

»Und was hast du gemacht, Papa?«

»Ich hab nur rumgestanden«, sagt Papa. »Verrückt eigentlich. Wie ein dicker Bär hab ich dagestanden und zugesehen. Ja, und ich hab Mamas Hand gehalten, als sie pressen musste. Das wollte sie gern, denn so konnte sie meine Hand fest drücken, wenn es wehtat.«

»Tut das denn weh?«

»Und ob das wehtut! Wenn ein so strammes Baby aus dem Bauch kommt, tut das weh. Aber Mama fand es nicht schlimm. Überhaupt nicht. Die Schmerzen hielt sie gern aus. Also hab ich Mamas Hand gehalten und geflüstert: ›Sehr gut, Liebste, es geht prima! Mach weiter, mach weiter … Du bist so tapfer!‹ Und das stimmte auch: Mama war wirklich sehr tapfer. Wenn sie gerade nicht presste, lag sie da und lächelte.«

»Ich weiß«, sagt Robin »Das hat sie auch in der Küche gemacht, als ich krank war. Sind Mamas tapferer als Papas?«

»Ich weiß nicht«, sagt Papa. »Aber ich denke schon. Meistens jedenfalls. Doch ja, ich glaube schon.«

»Darum kriegen die Mamas die Babys«, sagt Robin.

»So wird es sein«, sagt Papa.

Und er erzählt weiter: »Auf einmal, als Mama ganz fest presste, da sah ich, wie ihr Bauch unten ein Stückchen aufging. Und als sie noch einmal fest presste, kam dein Köpfchen zum Vorschein. Ein Köpfchen mit schwarzem Haar.«

»Und ganz viel Blut, oder?«, fragt Robin.

»Klar«, sagt Papa. »Blut war auch dran. Und Mama presste noch einmal ganz fest. Mit allen Bauchmuskeln. Und da flutschte ein Baby heraus!«

»Das war ich«, sagt Robin.

»Das warst du.«

»Hast du meine Zehen gezählt?«

»Das hab ich als Erstes gemacht.«

»Wie viele waren es?«

»Zehn.«

»Hast du auch meine Finger gezählt?«

»Das hab ich als Zweites gemacht.«

»Wie viele waren es?«

»Zehn.«

»Und was hast du als Drittes gemacht?«

»Deine Pimmel gezählt.«

»Wie viele waren es?«

»Ein einziger ...«, sagt Papa. »Da rief ich: ›Es ist ein Junge!‹, und Mama lachte und sagte: ›Er soll Robin heißen!‹«

»Dann war ich geboren«, sagt Robin zufrieden.

»Dann warst du geboren«, sagt Papa.

»Und du warst gerührt, ja?«, sagt Robin.

»Nein, das kam erst später«, sagt Papa.

»Auf dem Fahrrad?«

»Auf dem Fahrrad«, sagt Papa. »Auf dem Fahrrad im Schnee. Erst einmal hab ich dich mit großen Augen angesehen. Du warst noch voller Schleim. Obwohl du so glitschig warst, hat Mama dich auf ihren Bauch gelegt und dort hast du gleich angefangen zu zappeln. Du warst nämlich durstig und hast nach Mamas Brüsten gesucht. Erst als du sie gefunden hattest und trinken konntest, warst du zufrieden.«

»Hast du mir einen Kuss auf den Kopf gegeben?«

»Sogar tausend Küsse!«, sagt Papa.

»Auf das ganze Blut?«

»Auf das ganze Blut«, sagt Papa. »Kein Problem.«

»Und dann?«

»Und dann ...«, sagt Papa. Aber er erzählt nicht weiter. Er liegt ganz still da. Ob er eingeschlafen ist?

»Was hast du dann gemacht?«, fragt Robin.

»Dann ...«, sagt Papa, »hab ich die kleine Suse gehört.«

Jetzt liegt Robin ganz still da. Es stimmt. Er hört es auch. Von unten kommt leises Weinen. Suse ist wach!

»Aha«, sagt Papa. »Die muss ich frisch wickeln. Aber erst einmal darf sie trinken. Das ist Mamas Sache.«

»Darf ich nachher beim Wickeln helfen?«, fragt Robin.

»Du spinnst wohl!«, sagt Papa. »Jetzt ist es wirklich allerhöchste Zeit! Los: Mund zu, Augen zu und schlafen!«

»Aber du wolltest doch noch erzählen«, sagt Robin, »vom Fahrrad im Schnee!«

»Wollte ich das?«, fragt Papa.

Robin nickt. Das hat Papa versprochen.

»Na gut«, sagt Papa. »Mund zu, Augen zu und zuhören.«

Tanzen

Robin und Schnuff und Papa liegen im großen Bett. Unten im Wohnzimmer liegen Mama und Suse. Es ist mitten in der Nacht, aber sie sind alle fünf wach. Mama gibt Suse die Brust. Suse trinkt und Robin macht den Mund fest zu. Und die Augen auch. Er hört zu. Denn Papa erzählt.

»Als du geboren warst«, sagt Papa, »da bin ich noch eine Weile bei dir und Mama geblieben, bis ich wusste, dass alles in Ordnung war. Und als ihr beide eingeschlafen wart, hab ich euch ein Küsschen gegeben und bin auf Zehenspitzen davongeschlichen. Im Krankenhaus hatte man kein Bett für mich und ich wollte in der Nacht noch ein bisschen schlafen.

Ich setzte mich aufs Fahrrad und machte mich auf den Nachhauseweg. Es schneite immer noch. Wunderschön war das. Mir kam es vor, als wäre ich als Einziger in der großen, großen Stadt noch wach. Es fuhren keine Bahnen und keine Busse mehr, Autos waren auch keine auf der Straße, niemand war zu Fuß unterwegs und nur ein Einziger fuhr Rad. Das war ich.

In der großen Stadt stehen sehr viele Straßenlampen, und wenn die Schneeflocken im Licht der Lampen wirbeln, sieht das märchenhaft schön aus … Ich schaute den Schneeflocken zu und dachte immer wieder: Ich bin Papa, ich bin Papa, ich hab ein Kind, ich hab einen Sohn! Ich war überglücklich. Die Tränen standen mir in den Augen.«

»Du warst gerührt«, sagt Robin.

»Mannomann«, sagt Papa, »ich war so was von gerührt! Am liebsten hätte ich lauter verrückte Sachen gemacht.«

»Aber das hast du nicht gemacht, was?«, sagt Robin.

»Nein«, sagt Papa. »Aber ich hab gesungen. Mit Tränen in den Augen bin ich durch die Stadt gefahren. Und ich sag dir: Wenn man die Welt durch einen Schleier aus Glückstränen hindurch sieht, dann ist sie noch viel schöner. Besonders, wenn es sachte schneit. Ich sah die Schneeflocken im Lampenlicht tanzen und ich sang:

›Ob mein kleiner Robin-Mann

wohl schon richtig tanzen kann?

Ach nein, tanzen kann er nicht,

denn laufen kann er auch noch nicht.

Nicht sitzen und nicht krabbeln,

doch dafür kann er zappeln.‹

Das hab ich gesungen«, sagt Papa.

Robin findet das Lied toll!

»Noch mal«, sagt er.

Und Papa singt noch einmal:

»Ob mein kleiner Robin-Mann

wohl schon richtig tanzen kann?

Ach nein, tanzen kann er nicht,

denn laufen kann er auch noch nicht.

Nicht sitzen und nicht krabbeln,

doch dafür kann er zappeln.«

»Da war ich noch sehr klein, was?«, sagt Robin. »Aber guck mich jetzt mal an …«

Robin knipst die Leselampe über dem Bett an und springt auf. Er springt so hoch, wie er nur kann, und fängt an, wild herumzutanzen. Auf dem großen Bett. Wie ein Känguru hüpft er in alle Richtungen. Er fuchtelt mit den Armen und ruft: »Guck mal, Papa! Ich kann schon richtig tanzen!«

»Vorsicht!«, ruft Papa. »Nicht so stürmisch! Du hast Schnuff aus dem Bett getanzt!«

Es stimmt. Das Bett federt so heftig auf und ab, dass Schnuff rausgefallen ist. Aber das macht Schnuff nichts aus. Lachend liegt er neben dem Bett.

»Gleich tanzt du mich auch noch raus!«, ruft Papa. »Hör jetzt bitte auf!«

Robin macht einen letzten Hüpfer und lässt sich dann der Länge nach neben Papa plumpsen. Er keucht vom Tanzen.

»Hast du gesehen, Papa«, keucht er, »dass ich schon richtig tanzen kann?«

»Das war … spitze!«, sagt Papa. »Aber sei mal eben still …«

Robin und Paps sind still. Und der lachende Schnuff liegt ganz still neben dem Bett. Unten hören sie Mama pfeifen. Mama pfeift eine kleine Melodie. Das macht sie immer, wenn sie will, dass Papa kommt. Oder Robin. Oder beide.

»Aha«, sagt Papa. »Die frische Windel ist fällig!«

Er steht auf und schlüpft in seine Hausschuhe. Robin will mit nach unten, obwohl er eigentlich nicht darf. Papa hat vorhin »Nein« gesagt. Aber Robin will so gern! Darum steht er auch auf und schlüpft in seine Hausschuhe.

»An die Arbeit!«, sagt Papa.

Wie toll! Papa hat ganz vergessen, dass Robin nicht mitdarf! Zusammen gehen sie die Treppe hinab, durch die Diele, ins Wohnzimmer.

»Ja, was ist denn das?«, sagt Mama und sieht Robin verdutzt an. »Wen haben wir da? Was machst du so spät noch hier?«

»Ich konnte nicht schlafen und saß in der Küche«, sagt Papa. »Da kam Robin runter und wir haben ein bisschen geschwatzt. Und uns danach ins große Bett gelegt.«

Robin stellt sich neben das hohe weiße Bett. Er betrachtet sein Schwesterchen, das neben Mama unter der Bettdecke liegt.

»Hallo, Suse«, sagt er.

Er kitzelt Suses Hand. Sofort schließen sich ihre Fingerchen um Robins großen Finger und halten ihn fest.

»Sie gibt mir die Hand!«, jubelt Robin.

»Gib Suse einen Kuss«, sagt Mama. »Und dann gibst du mir einen Kuss und Papa auch und dann ... gehst du blitzschnell ins Bett.«

»Viererkuss!«, ruft Robin. »Komm, Papa!«

Papa kommt. Mama nimmt Suse in die Arme und Papa hebt Robin hoch. So küssen sie sich, Mama und Papa und Robin und Suse. Alle vier gleichzeitig. Mundwinkel auf Mundwinkel, Mundwinkel auf Mundwinkel, Mundwinkel auf Babymundwinkel, Babymundwinkel auf Mundwinkel ... Ihre Küsse passen genau aufeinander.

Ein Viererkuss.

Mitten, mitten, mitten in der Nacht.

Zur Erinnerung
an meinen Opa Johannes Kuijper

Robin und Gott

Anker

Wenn Mama abends vorliest, muss Robin sich in sein Bett legen. In sein eigenes Bett. Mama setzt sich auf den Stuhl am Kopfende und so liest sie vor. Das ist schön.

Wenn Papa abends vorliest, muss Robin sich ins große Bett legen, zusammen mit Papa, und so liest Papa vor. Das ist auch schön, aber ein bisschen unpraktisch. Denn Robin muss erst in das kalte große Bett, und wenn ihm gerade einigermaßen warm geworden ist, muss er in sein eigenes kaltes Bett.

Wenn Opa und Oma da sind, liest Opa vor. Das ist am schönsten. Opa liest nämlich unten im Wohnzimmer am Ofen vor. Wenn Opa vorliest, darf Robin auf seinem Schoß sitzen und Opa legt den Arm um ihn. So liest Opa vor.

Heute auch.

Es ist bald Weihnachten. Opa und Oma sind gekommen. Sie bleiben ganz lange. Sie bleiben, bis es wirklich Weihnachten ist. Und dann noch bis Neujahr und danach noch eine Weile.

Es ist Abend. Im Wohnzimmer ist es mollig warm. Papa und Mama und Oma sitzen am Tisch. Sie spielen Karten. Suse ist schon im Bett. Robin sitzt auf Opas Schoß. Zusammen mit seinem Schweinchen Schnuff, seinem großen Freund und Kuscheltier. Sie sitzen im Sessel neben dem Ofen. Opa liest vor. Die Geschichte handelt vom Fischer Timpe Te. Robin hat sie schon hundertmal gehört. Er kennt sie fast auswendig. Trotzdem will er sie immer wieder hören.

Der Fischer Timpe Te wohnt mit seiner Frau Ilsebill in einem umgedrehten Pisspott am Strand. Timpe Te ist ganz zufrieden, seine Frau jedoch nicht. Eines Tages fängt Timpe Te einen Butt. Der ist ein Zauberfisch und kann sprechen. Weil er den Fisch wieder ins Meer wirft, hat er einen Wunsch frei. Ihm fällt nichts ein, seiner Frau aber schon. Sie will ein Haus. Ein richtiges Haus. Mit einem Schornstein. Das bekommen sie von dem Fisch. Aber Frau Ilsebill ist noch nicht zufrieden. Sie will ein Schloss. Ein richtiges Schloss. Mit Türmen. Auch das bekommen sie …

Opa hat eine Brummstimme. Manchmal legt Robin sein Ohr an Opas Brust. Dann kommt Opas Stimme nicht mehr aus dem Mund, sondern aus der Brust. Durch die Rippen und die Haut hindurch. So klingt sie noch brummiger. Und es kitzelt an Robins Ohr.

Robin betrachtet Opas Armbanduhr. Unter der Uhr gibt es etwas Schönes zu sehen. Etwas ganz Tolles. Langsam schiebt Robin die Uhr ein Stückchen an Opas Arm hoch. Und da … da ist es! Auf Opas Arm ist ein kleiner blauer Anker. Nicht gemalt, nein, er geht nie mehr ab. Der Anker ist eine Tätowierung. Früher war Opa nämlich Matrose. Er fuhr auf einem Schiff. Den ganzen

Tag schwammen große Haie um das Schiff herum. Die Haie waren riesengroß, allein ihre Schwänze waren so lang wie die Spüle in der Küche von Oma und Opa. Opa erzählt oft davon. Und als er Matrose war, hat er sich den Anker auf den Arm machen lassen.

Jetzt aber liest Opa vor. *Die Frau des Fischers ist immer noch nicht zufrieden. Sie will Königin des ganzen Landes werden. Und sie wird es tatsächlich ...*

»Opa«, sagt Robin, »erzähl doch mal vom Anker.«

Er will das Ende der Geschichte vom Fischer und seiner Frau noch nicht hören. Weil er es so gruselig findet.

Opa beginnt, vom Anker zu erzählen.

»Eines Tages, vor vielen Jahren«, sagt er, »war ich im Hafen eines fernen Landes. In China. Dort sprachen die Leute Chinesisch. Aber das war nicht schlimm, denn ich konnte es auch.«

»Sag mal was auf Chinesisch«, sagt Robin.

»Diang-deng«, sagt Opa.

»Was ist das?«, fragt Robin.

»Das bedeutet elektrisches Licht«, sagt Opa.

Robin nickt. Diang-deng. Elektrisches Licht. Das klingt gut.

»Und dann?«, fragt er.

»Tja«, sagt Opa, »da war ein Mann ...«

»Ein Chinese?«, fragt Robin.

»Klar«, sagt Opa. »In China sind alle Menschen Chinesen. Und der Mann, dieser Chinese, konnte tätowieren. Ich ging zu ihm hin. Erst zeichnete er den Anker auf meinen Arm und dann stach er klitzekleine Löchlein in die Linien der Zeichnung.«

»Mit einer Nadel?«, fragt Robin.

»Mit einer Nadel«, sagt Opa.

»Hat das wehgetan?«, fragt Robin.

»Ein bisschen schon«, sagt Opa. »Aber ein Matrose weint nicht so schnell, weißt du.«

Robin nickt. Das weiß er.

»Und dann«, sagt Opa, »dann hat der Chinese Tinte in die Löchlein geschmiert. Und diese Tinte geht nie mehr ab. Darum bleibt der Anker für immer auf meinem Arm.«

Zum Glück, denkt Robin. Er streichelt über die Tätowierung.

Opa liest weiter vom Fischer und seiner Frau vor. Jetzt kommt das gruselige Ende der Geschichte!

Frau Ilsebill hat sehr viele Wünsche und der Zauberfisch erfüllt sie alle. Frau Ilsebill ist Königin des ganzen Landes und dann der ganzen Welt geworden und sie wohnt in einem großen Palast. Trotzdem ist sie nicht zufrieden. Einen einzigen Wunsch hat sie noch. Und ihr Mann, der arme Fischer Timpe Te, muss noch einmal den Zauberfisch aufsuchen. Es stürmt. Am Strand weht der Wind dem Fischer Sand in die Augen. Das Meer tost und die Wellen sind so hoch wie Häuser. So hoch wie Paläste. Timpe Te legt die Hände an den Mund und schreit:

»Manntje, Manntje, Timpe Te
Buttje, Buttje in der See.
Meine Frau, die Ilsebill,
will nicht so, wie ich wohl will.«
Da taucht der Kopf des Zauberfisches aus den Wellen auf.
»Na, was will deine Frau denn?«
»Sie will ... sie will ...«, sagt Timpe Te.
Er traut sich nicht, es zu sagen.

Das versteht Robin gut. Er würde sich das auch nicht zu sagen trauen. Aber der arme Fischer Timpe Te muss es sagen. Weil er es versprochen hat.

»Sie will«, sagt er, »sie will der Herrgott sein!«

»Opa, wer ist der Herrgott?«, fragt Robin.

»Das ist ganz einfach Gott«, sagt Opa.

»Ach so«, sagt Robin.

Das hat er sich schon gedacht. Aber wer Gott ist, das weiß Robin nicht so recht.

»Höchste Zeit!«, sagt Papa plötzlich. »Ich bringe den Jungen ins Bett. Gib allen einen Gutenachtkuss, Robin.«

Papa legt seine Karten auf den Tisch und steht auf.

»Aber die Geschichte ist noch gar nicht aus«, sagt Robin.

Papa setzt sich wieder hin und Opa liest das letzte Stück vor.

Timpe Te steht am Meer und ruft dem Fisch zu, was seine Frau sich wünscht. Als der Fisch es gehört hat, bleibt er für einen Moment still. Nur das Meer rauscht. Und dann ... spricht der Fisch die schrecklichen Worte:

»Geh nur hin.

Sie sitzt schon wieder im Pisspott.«

Und alles ist fort. Der Palast, das Schloss, das Haus … alles! Timpe Te und seine Frau wohnen wieder in ihrem umgedrehten Pisspott am Strand. So wie früher.

»Ende«, sagt Opa.

Diang-Deng

Papa bringt Robin ins Bett. Zusammen gehen sie die Treppe hinauf und in Robins Zimmer. Papa knipst das Lämpchen über Robins Bett an.

»Diang-deng«, sagt Robin.

»Wie bitte?«, fragt Papa

»Diang-deng«, sagt Robin.

»Ach so«, sagt Papa. »Diang-deng.«

»Elektrisches Licht«, sagt Robin.

»Ja, Opa kann schön erzählen«, sagt Papa.

Robin nimmt seine Zahnbürste vom Waschbeckenrand. Er drückt Zahnpasta auf die Bürste und fängt an zu putzen. Robin putzt und putzt, auf und ab, hin und her, an allen Stellen. Er putzt, dass ihm die Zahnpasta bis zu den Ohren spritzt.

Dann fragt er: »Wawa, wischitgotausch?«

»Wie bitte?«, fragt Papa

»Wischitgotausch?«

»Nimm die Zahnbürste aus dem Mund, wenn du redest«, sagt Papa.

Robin nimmt die Zahnbürste aus dem Mund und fragt: »Wie sieht Gott aus?«

»Gott sieht nach nichts aus«, sagt Papa. »Es gibt keinen Gott.«

Robin putzt weiter.

»Frumnich?«, fragt er.

»Wie bitte?«, fragt Papa.

Robin nimmt die Zahnbürste aus dem Mund und fragt: »Warum nicht?«

»Warum was nicht?«, fragt Papa.

»Warum gibt es keinen Gott?«

»Das erkläre ich dir ein andermal«, sagt Papa. »Jetzt ist Schlafenszeit.«

Robin hält den Mund unter den Hahn, bis dieser voller Wasser ist. Dann lässt er das Wasser in der Kehle gluckern. Das macht Papa auch immer. Es heißt gurgeln.

Robin spuckt das Wasser ins Waschbecken und fragt: »Papa, ist der Herrgott genau das Gleiche wie Gott?«

»Ist doch egal«, sagt Papa. »Gott gibt es nicht.«

»Und der Herrgott? Gibt es den?«, fragt Robin.

»Auch nicht«, sagt Papa. »Jetzt ab ins Bett ...«

Robin legt sich in sein Bett und Papa deckt ihn gut zu. Robin nimmt Schnuff in den Arm.

Papa gibt Robin einen Kuss und sagt: »Gute Nacht, mein Schatz.«

Robin gibt Papa einen Kuss und sagt: »Gute Nacht, Papa.«

Papa knipst das Lämpchen über Robins Bett aus.

»Gute Nacht, Diang-deng«, sagt Robin.

Papa geht aus dem Zimmer. Das Lämpchen über Robins Bett ist aus, aber draußen im Flur brennt Licht. Papa steht noch in der Tür. Er ist schwarz wie ein Schatten.

»Papa!«, ruft Robin.

Papa dreht sich um.

»Warum gibt es eigentlich so viele Geschichten über Gott?«, fragt Robin.

»Puh«, seufzt Papa, »gib endlich Ruhe, Robin.«

»In der Geschichte von Timpe Te kommt Gott auch vor«, sagt Robin, »und die Geschichte vom Jesuskind ...«

Papa kommt wieder ins Zimmer. Er setzt sich auf den Stuhl, auf dem Mama beim Vorlesen immer sitzt, und knipst das Lämpchen an.

»Früher«, sagt Papa, »vor langer Zeit ...«

»Als Opa Matrose war?«, fragt Robin.

»Nein, vor noch längerer Zeit.«

»Als es Ritter gab?«, fragt Robin.

»Ja«, sagt Papa. »und ... vor noch viel längerer Zeit.«

»Als es Dinosaurier gab?«, fragt Robin.

»Ja«, sagt Papa, »damals.«

Das ist aber lange her!, denkt Robin. Er freut sich, dass Papa auf Mamas Stuhl sitzt und erzählt.

»Damals«, sagt Papa, »früher ... da wussten die Menschen noch sehr wenig. Sie wussten nicht, warum die Sonne jeden Morgen aufgeht und jeden Abend untergeht, sie wussten nicht, warum der Mond nicht vom Himmel fällt, sie wussten nicht, warum das Meer manchmal den Strand überspült und sich danach wieder zurückzieht, sie wussten nichts über Gewitter ...«

»Sie hatten nicht mal Autos!«, sagt Robin.

»Genau das meine ich«, sagt Papa.

Robin nickt zufrieden.

»Und wenn man von all diesen Dingen nichts weiß«, fährt Papa fort, »dann denkt man leicht: Bestimmt gibt es einen, der das alles macht. Einen, der groß und stark ist, der jeden Tag eine Schubkarre mit der Sonne darin am Himmel entlangschiebt, der die ganze Nacht den Mond in der hohlen Hand hält, der solch einen starken Atem hat, dass das Wasser über den Strand läuft, wenn er ausatmet, und dass es wieder zurückläuft, wenn er einatmet, einen, der zu donnern anfängt, wenn er wütend wird, und der Feuerspeere vom Himmel herabschleudert.«

»Gewitter«, sagt Robin.

»Genau«, sagt Papa. »Und weil die Menschen von all diesen Dingen nichts wussten, dachten sie, dass es ein sehr mächtiges Wesen gibt, das das alles macht. Sie hatten große Angst vor ihm. Und wollten sich gut mit ihm stellen.«

»Das war der Herrgott«, sagt Robin.

»Ja«, sagt Papa. »Gott. Aber …«, fügt er rasch hinzu, »heutzutage wissen die Menschen all diese Dinge. Sie wissen, dass sich die Erde um die Sonne dreht und dass sich der Mond um die Erde dreht, wie Ebbe und Flut zustande kommen und dass bei Gewitter Elektrizität eine Rolle spielt.«

»Diang-deng«, sagt Robin.

Papa lacht.

»Du mit deinem Diang-deng«, sagt er.

Robin lacht auch.

»Und weil die Menschen all das jetzt wissen«, sagt Papa, »glauben sie nicht mehr an ein mächtiges Wesen und brauchen zum Glück auch keine Angst mehr vor ihm zu haben.«

Robin denkt lange nach. Er weiß das alles noch nicht – das über die Sonne und den Mond, über Ebbe und Flut und über Gewitter.

»Papa«, sagt er, »haben die Ritter echt an Gott geglaubt?«

»Ja«, sagt Papa.

»Alle Ritter?«

»Alle Ritter.«

»Und Mama?«

»Mama nicht. Die glaubt nicht an Gott.«

»Und Oma?«

»Oma auch nicht.«

»Und Opa?«

»Tja«, sagt Papa. »Eigentlich … glaube ich, dass Opa schon ein bisschen an Gott glaubt.«

Fein, denkt Robin.

»So«, sagt Papa, »jetzt aber Schluss. Träum was Schönes.«

Papa knipst das Lämpchen aus.

»Gute Nacht, Papa«, sagt Robin.

Aber schlafen kann Robin noch lange nicht.

Ich werde Opa fragen, denkt er, wie der Herrgott aussieht. Opa weiß das. Ich frage ihn, wenn Papa nicht dabei ist. Und Mama auch nicht. Und Oma auch nicht.

Wenn ich mit Opa allein bin, dann frage ich ihn.

Stern

Robin kann nicht schlafen. Er liegt in seinem Bett und es ist sehr spät, aber er kann nicht schlafen. Schnuff schläft schon längst. Robin denkt an die Geschichte vom Fischer Timpe Te. Er denkt an Frau Ilsebill, die der Herrgott sein wollte. Er denkt an die schrecklichen Worte des Zauberfisches:

»Geh nur hin.

Sie sitzt schon wieder im Pisspott.«

Aber noch schlimmer ist: Unten ist es so gemütlich!

Robin will überhaupt nicht schlafen! Er will unten sein. Bei Mama und Papa und Opa und Oma. Er hört ihre Stimmen. Sie reden. Und sie lachen! Das ist am allerschlimmsten: dass sie lachen. Und am aller-allerschlimmsten ist, dass Opa lacht.

Robin möchte auf Opas Schoß sitzen. Im Sessel neben dem Ofen. Er möchte sein Ohr an Opas Brust legen. Er möchte Opa brummen hören, bis es an seinem Ohr kitzelt. Er möchte den Anker auf Opas Arm streicheln. Er möchte, dass Opa wieder erzählt.

Das alles möchte Robin. Aber er traut sich nicht runterzugehen.

Vorhin war er schon mal unten. Zum Pinkeln. Aber er musste gar nicht pinkeln. Ein zweites Mal traut er sich nicht. Wenn er noch einmal kommt, werden die Erwachsenen wütend.

Plötzlich steht Robin auf. Einfach so. Er geht nicht zur Tür, sondern zum Fenster. Er zieht den Vorhang auf und schaut nach draußen.

Er sieht den Garten. Er sieht die Bäume im Garten. Seinen Kletterbaum und die anderen Bäume. Alle sind kahl. Es ist Winter. Und bald ist Weihnachten. Robin schaut nach oben. Er sieht die kalten Sterne. Sie stehen hoch über den Bäumen. Der Garten ist schwarz. Die Bäume sind auch schwarz. Aber die Sterne sind hell. Sie sind weiß. So weiß, dass es in den Augen wehtut.

Robin steht da und die Sterne stehen da und auf einmal entdeckt Robin zwischen all den Sternen einen ganz besonders hellen. Und er weiß: Dort wohnt Gott.

Dieser Gedanke erschreckt ihn.

Aber er ist sich ganz sicher: Dort wohnt Gott.

Robin rennt zu seinem Bett und weckt Schnuff auf. Schnuff muss den Stern auch sehen! Robin nimmt Schnuff in die Arme und trägt ihn zum Fenster. Schnuff ist noch nicht ganz wach. Er träumt noch halb. Robin reibt ihm den Schlaf aus den Äuglein.

»Guck!«, sagt er. »Guck mal, da!«

Schnuff guckt. Aber Schnuff sieht den Stern nicht. Robin sieht den Stern auch nicht mehr. Dicke Wolken ziehen über den Himmel. Dicke dunkle Wolken. Alle Sterne sind verschwunden.

»Nächstes Mal klappt es«, sagt Robin zu Schnuff.

Schnuff schläft schon wieder. Robin trägt ihn zurück ins Bett.

Sie kuscheln sich eng aneinander.

Unten im Wohnzimmer wird wieder gelacht. Aber jetzt findet Robin das nicht mehr schlimm.

Er ist froh, dass er nicht runtergegangen ist.

Schnee

Robin wacht auf. Er hört Mamas Stimme. Mama flüstert, dass Robin aufstehen soll. Er muss in die Vorschule. Es ist Morgen.

Aber im Bett ist es so gemütlich, so warm unter der Decke. Und Robin hat wunderschön geträumt! Im Traum stand er am Fenster. Er schaute zu den Sternen und entdeckte einen ganz besonders hellen Stern. So hell war der Stern, dass Robin sich ganz sicher war, dass …

»Robin, du musst aufstehen«, sagt Mama jetzt etwas lauter. »Und guck mal aus dem Fenster. Es ist herrlich draußen!«

Herrlich draußen? Klar – der Stern!

Mit einem Mal ist Robin putzmunter.

Es war überhaupt kein Traum!

Robin springt aus dem Bett und rennt zum Fenster. Er will so gern noch einmal den hellen Stern sehen. Er will so gern, dass Schnuff ihn auch sieht. Robin reißt den Vorhang auf.

Die Welt ist verzaubert.

Noch ist es dunkel, aber der Garten leuchtet. Der Boden leuchtet, die Bäume leuchten und ihre Äste leuchten. Alles leuchtet weiß.

Es hat geschneit!

Robin rennt zurück zum Bett und zerrt Schnuff unter der Decke hervor. Schnuff hat sich am Fußende versteckt. Schnuff braucht nicht in die Vorschule zu gehen. Er darf jeden Tag ausschlafen. Aber heute nicht. Heute lässt Robin ihn nicht. Die Welt ist so wunderschön … Das muss Schnuff unbedingt sehen.

Robin trägt Schnuff durch das kalte Zimmer zum Fenster. Den Traum hat er vergessen und den Stern auch, er denkt nur noch an den Schnee.

Robin setzt Schnuff aufs Fensterbrett. Schnuffs Augen werden ganz groß. Zusammen schauen sie hinaus.

Erst auf den weißen Boden, dann auf die weißen Äste der Bäume, dann zum Himmel. Der Himmel hängt voller dicker dunkler Wolken. Sie haben sich wie ein Vorhang vor die Sterne geschoben. Und aus ihnen ist der Schnee gefallen.

Robin öffnet das Fenster, um noch besser sehen zu können. Es ist kalt, aber Robin spürt die Kälte nicht. Er guckt und guckt und guckt und auf einmal ... hört er etwas Seltsames.

Er hört nichts.

Absolut nichts.

So etwas hat Robin noch nie erlebt! Auf der ganzen Welt ist nicht ein Geräusch zu hören. Robin steckt den Kopf aus dem Fenster, um noch besser lauschen zu können. Er hört ein ganz, ganz feines Summen. Es ist das Geräusch der Stille.

»Robin, beeil dich ein bisschen!«, sagt Mama.

»Es hat geschneit!«, ruft Robin.

»Eben darum«, sagt Mama. »Wenn du dich beeilst, kannst du schnell ins Freie.«

Robin macht alles, so schnell er kann.

Nasser Waschlappen übers Gesicht. Kalt-kalt.

Treppe runter. Trapp-trapp.

Ins Wohnzimmer. Stampf-stampf.

Morgen, Mama.

Morgen, Papa.

Aufs Sofa. Hopp-hopp.

Vorhang auf. Ratsch-ratsch.

Und dann ... rausgucken.

Suse und Opa und Oma schlafen noch. Schön dumm von ihnen.

Robin zieht sich auf dem Sofa an.

Am Fenster.

Er beobachtet die Vögel. Im Schnee sind sie gut zu sehen.

Robin isst sein Frühstücksbrot auf dem Sofa.

Am Fenster.

Die Vögel hocken auf den weiß verschneiten Ästen der Bäume oder picken kopfüber hängend von den Erdnüssen, die Mama und Robin auf eine Schnur gefädelt haben. Vor langer Zeit.

Robin trinkt seinen Tee auf dem Sofa.

Am Fenster.

Wenn ein Vogel geflogen kommt und sich auf einen Ast setzt, fällt Schnee herab und stäubt am Boden auf.

Robin kämmt sein Haar auf dem Sofa.

Am Fenster.

Auf den Dächern der Häuser gegenüber liegt auch eine dicke Schneeschicht. Bei Onkel Klaas und Tante Betty, bei der alten Trien.

Robin putzt seine Zähne auf dem Sofa.

Am Fenster.

Aus den Schornsteinen kommt weißer Rauch.

Robin zieht seine Jacke an.

In der Diele.

In der Diele an der Garderobe. Seine dicke warme Jacke mit der Kapuze. Er schlüpft in seine hohen Gummistiefel und rennt ins Freie. Denn dort steht Papa. Mit ... dem Schlitten!

»Setz dich drauf!«, ruft Papa fröhlich.

Aber erst muss Robin sich im Schnee wälzen. Nur kurz. Am Zaun liegt ein großer Schneehaufen. Robin lässt sich mitten hineinfallen und wälzt sich hin und her. Der Schnee wirbelt auf und bleibt an Robins Stiefeln, an seiner Hose und an seiner Jacke kleben. Sogar seine Kapuze wird über und über weiß.

Als Robin sich genug gewälzt hat, setzt er sich auf den Schlitten.

»Hü, Pferd!«, ruft er.

Papa ist das Pferd. Und was für eines! Ein feuriges Pferd! Das Pferd galoppiert durchs Dorf. Robin winkt allen Leuten zu, denen sie begegnen. Und alle winken zurück.

»Hü, Pferd!«, ruft Robin.

Das Pferd trabt und trabt, den ganzen Weg bis zur Vorschule. Dort angekommen, ist das Pferd müde. Aber das macht nichts. Denn sie sind ja da.

Auf dem Schulhof geht es hoch her. Heute sind alle Kinder früh gekommen. Viel zu früh! Mit Absicht natürlich. Um ein Schneefest zu feiern.

Ein paar von den großen Kindern packen das Seil von Robins Schlitten und rennen los.

»Nicht so schnell!«, ruft Robin.

Schnell fahren macht Robin Angst. Trotzdem lacht er. Denn es macht auch Spaß. Angst und Spaß. Spaß und Angst. Beides. Das geht.

Da ist Nellie. Sie will auch auf den Schlitten. Für Nellie ist noch genug Platz. Ihr macht schnell fahren nur Spaß.

Da ist Alexander. Für Alexander ist kein Platz mehr auf dem Schlitten, aber das ist nicht schlimm. Er darf nachher mitfahren. Und danach darf Pieter.

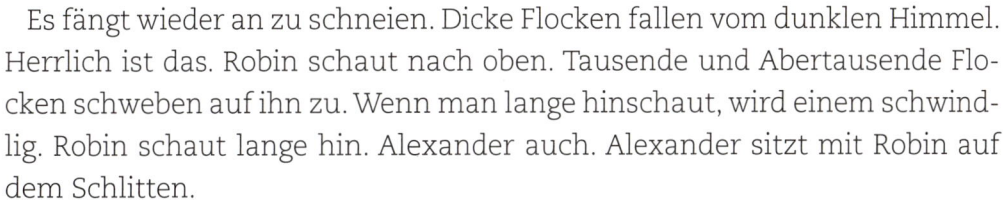

Es fängt wieder an zu schneien. Dicke Flocken fallen vom dunklen Himmel. Herrlich ist das. Robin schaut nach oben. Tausende und Abertausende Flocken schweben auf ihn zu. Wenn man lange hinschaut, wird einem schwindlig. Robin schaut lange hin. Alexander auch. Alexander sitzt mit Robin auf dem Schlitten.

»Fang den Snow«, sagt Alexander.

Alexander kommt aus England. Er sagt manchmal komische Sachen. Aber darüber soll man nicht lachen, sondern ihm beibringen, wie es richtig heißt.

»Schnee«, sagt Robin.

»Schnee«, sagt Alexander. »Fang den Schnee. In deinem Mund.«

Sie sperren beide den Mund weit auf und versuchen, die Schneeflocken damit zu fangen. Aber das ist schwierig! Die Flocken trudeln bald hierhin, bald dorthin! Eine große Flocke kommt direkt auf Robins Mund zu. Er sperrt ihn noch weiter auf … Ach! Jetzt schwebt die Flocke von ihm weg. Robin will sie doch noch erwischen und … hoppla! Er fällt vom Schlitten runter. Plumps!

Alexander fällt auch runter.

Noch einmal plumps!

Sie landen im Schnee.

Aber sie stehen nicht auf, nein, sie bleiben sitzen. Mit dem Po im weichen Schnee. Sie schauen nach oben. Zu den vielen prächtigen Schneeflocken.

Da kommt Fräulein Tineke.

»Na, ihr habt es ja gemütlich hier«, sagt sie.

Und hoppla! Frau Tineke lässt sich fallen. Jetzt sitzt sie neben ihnen. Im

weichen Schnee. Die anderen Kinder machen es gleich nach. Und da ist Papa! Papa schaut hoch zu den Flocken und … Wie lustig! Er lässt sich auch fallen.

Plumps!

Die Lehrer und die Lehrerinnen und die Kinder sitzen jetzt zusammen im Schnee. Sie haben alle Mützen auf. Und auf den Mützen haben sie noch eine Mütze. Eine weiße Schneemütze. Sie schauen zu den Flocken, die vom hohen, hohen Himmel fallen.

Sie schauen so lange, bis der Himmel nicht mehr hoch ist, sondern tief.

Singen

Frau Tinekes Kinder sitzen im Kreis. Robin sitzt neben Alexander. Die Kinder sind fröhlich. Ihre Nasen sind rot, ihre Ohren glühen und ihre Strümpfe sind nass vom Schnee. Die Kinder lachen und schreien. Sie machen Radau, bis Frau Tineke »Ruhe« sagt. Dann sind sie still. Mucksmäuschenstill.

Die Lehrerin sagt, dass heute der letzte Schultag ist. Morgen sind schon Ferien. Weihnachtsferien.

»Und darum feiern wir heute«, sagt Frau Tineke.

»Weihnachten!«, ruft Nellie.

»Sehr gut«, sagt die Lehrerin. »Wer von euch will eine Kerze am Baum anzünden?«

»Ich! Ich! Ich! Ich!«, schreien alle Kinder.

Nur Robin will nicht. Das heißt, er will schon, aber er traut sich nicht. Er betrachtet den Weihnachtsbaum in der Ecke des Zimmers. Der Baum ist schön geschmückt mit Kugeln und Glöckchen und Kerzen. Mit vielen Kerzen. Die sollen jetzt angezündet werden.

»Ich trau mich schon«, sagt Robin zu Alexander, »aber ich will nicht.«

»Ich will aber«, sagt Alexander.

Nacheinander dürfen die Kinder zum Baum kommen. Die Lehrerin hilft beim Streichholzanzünden. Dann führt sie jedem Kind die Hand, wenn es das brennende Streichholz an die Kerze hält.

Jedem außer Robin.

»Ich trau mich schon«, sagt Robin zu Frau Tineke, »aber ich will nicht.«

»Ha-ha!«, ruft Nellie. »Du traust dich nicht!«

»Doch«, sagt Robin.

»Nellie«, sagt die Lehrerin. »Wer nicht will, der muss nicht. Und Robin will eben nicht. Heute zufällig nicht.«

Robin nickt. Genauso ist es! Wenigstens die Lehrerin versteht es.

Frau Tineke zündet selbst die letzte Kerze an. Dann geht sie zur Tür. Dort ist der Lichtschalter.

»So«, sagt sie, »und jetzt … mache ich das Licht aus.«

»Diang-deng!«, ruft Robin schnell.

»Was hast du gesagt, Robin?«, fragt Frau Tineke.

»Diang-deng«, sagt Robin. »So heißt das elektrische Licht in China.«

»Das wusste ich nicht«, sagt die Lehrerin.

Robin schaut zu Nellie hin. Die wusste es auch nicht, das merkt er an ihrem verdutzten Gesicht.

»Gut«, sagt Frau Tineke, »dann mache ich jetzt das Diang-deng aus.«

Schlagartig ist es dunkel im Raum. Nur die Kerzen am Baum verbreiten Licht.

»Oooh!«, machen die Kinder leise.

Dann sind sie still.

Wunderschön sieht der Weihnachtsbaum aus. Die Kerzen brennen, und die Glöckchen und Kugeln sind wie Spiegel, in denen auch Kerzen brennen.

»Wer kennt ein Weihnachtslied?«, fragt die Lehrerin.

Jedes Kind kennt ein Weihnachtslied, und sie singen zusammen »O Tannenbaum«, »Stille Nacht, heilige Nacht« und »Vom Himmel hoch, da komm ich her«. Nellie will »Nikolaus, komm doch bitte in unser Haus« singen, aber Frau Tineke sagt, das passt nicht. Robin findet »Zu Betlehem geboren ist uns ein Kindelein« am schönsten. Das singen sie als Letztes.

Als alle Lieder gesungen sind, sagt die Lehrerin: »Und jetzt wird uns Alexander die Geschichte vom Jesuskind erzählen. Nicht wahr, Alexander?«

Alexander nickt. Er nickt so heftig, dass Robin richtig Angst bekommt. Wenn Alexander so weitermacht, fällt ihm womöglich der Kopf ab.

»Dann fang mal an«, sagt die Lehrerin.

Alexander hört auf zu nicken. Ein Glück. Und er erzählt: »Es war mal ein König und der war gar nicht nett. Der wollte wissen, wie viele Menschen in seinem Land wohnen. Die Menschen mussten ganz weit weg verreisen … nein …«

Alexander stockt. Er überlegt. Er überlegt lange. Die Kinder sind still. Sie warten.

»Der Mann kam auch zu Dschosef«, sagt Alexander.

»Ha-ha! Dschosef!«, ruft Nellie. »Josef heißt das!«

»Nellie, du hältst jetzt den Mund«, sagt die Lehrerin.

Alexander erzählt weiter:

»Dschosef hat gerade eine Wiege gebaut. Er musste auch verreisen. Der Mann sagte: ›Ich kann da nix für. Der König will es.‹

Da mussten die auch verreisen. Dschosef sagte: ›Weißt du was, Meria? Wir haben noch einen Esel im Stall. Da setzt du dich drauf. Und die ganzen Pakete, wo wir tragen müssen, die kommen auch drauf. Der Esel kann gut laufen.‹

Dann waren sie endlich da. Und dann … nein …«

Wieder muss Alexander überlegen. Er macht es. Die Kinder sehen ihn an. Sie sagen nichts. Nicht einmal Nellie. Nach einer Weile erzählt Alexander weiter:

»Der Mann sagte: ›Ihr müsst zu dem Haus gehen, wo ihr früher gewohnt habt, als ihr klein wart.‹

›Aber ich bin so müde!‹, sagte Meria.

›Weißt du was, Meria?‹, sagte Dschosef, ›wir haben einen Esel im Stall. Da darfst du dich draufsetzen. Und alle Pakete, wo wir mitnehmen müssen, die können auch drauf.‹

Und dann kamen sie an. Sie waren bei dem Haus, wo sie früher gewohnt hatten. Aber das Haus war schon ganz voll. Da gingen sie zu einem anderen Haus. Das war auch schon ganz voll. Und da sagte einer: ›Der Mann von der Herrbirke, der weiß Rat, glaub ich.‹

Drum gingen sie da hin …«

»Was soll denn eine Herrbirke sein?«, ruft Nellie.

»Ruhe!«, sagt Robin. »Alexander kommt doch aus England.«

Robin weiß aber auch nicht, was eine Herrbirke ist.

»Diesmal hat Nellie recht, wenn sie fragt, Robin«, sagt Frau Tineke. »Alexander meint damit eine Herberge. Weiß jemand, was eine Herberge ist?«

»Ach so …«, sagt Nellie. »Das weiß ich wohl: Eine Herberge ist so was Ähnliches wie ein Hotel.«

»Richtig«, sagt die Lehrerin. »Erzähl weiter, Alexander.«

»Bei der Herrbirke«, fährt Alexander fort, »da sagte der Mann: ›Ja, wir haben auch keinen … Doch, wir haben was. Ich hab einen Stall. Da drin könnt ihr schlafen.‹

›Bitte sehr‹, sagte Meria.

Und der Mann von der Herrbirke hielt eine Laterne für sie. Und Dschosef, der ging hinterher, und Meria auch. Und dann waren sie da. Und der Mann von der Herrbirke sagte: ›Macht euch ein Bett aus Heu.‹

Als Dschosef damit fertig war, ging er auch schlafen.

Und in der Nacht wurde Dschiesus geboren. Und Dschosef hatte ein Bettchen aus dem Ding gemacht, wo die Schweine draus trinken. Dschosef machte das Bettchen mit Wasser sauber und er legte ganz vorsichtig Stroh rein. Und die Hirten, die sagten: ›Was scheint da ein schöner Stern!‹

Und dann gingen sie nachschauen, und dann sahen sie das Dschiesuskind liegen.«

Die Geschichte ist zu Ende. Die Kinder klatschen Beifall. Sie klatschen laut und lange. Frau Tineke klatscht mit. Robin auch.

»Du darfst nicht Dschiesus sagen!«, ruft Nellie. »Das heißt Jesus!«

Aber niemand hört, was Nellie ruft. So laut ist der Beifall.

Und Robin denkt: Der Stern, das ist der Stern, wo Gott wohnt.

Krokodil

Die Schulglocke klingelt. Die Kinder rennen aus den Zimmern. Jetzt sind Ferien und draußen liegt Schnee, viel Schnee! Blitzschnell ziehen die Kinder ihre Jacken über, sie schlüpfen in ihre Stiefel und setzen ihre Mützen auf. Und dann – heisa! – nichts wie ins Freie! Niemand geht nach Hause, alle bleiben da und spielen auf dem Schulhof. Sie rollen große Kugeln, um Schneemänner zu bauen, und kleine Kugeln zum Werfen.

Robin ist auch ins Freie gerannt. Zu seinem Schlitten.

Aber ... da steht Mama!

»Komm schnell, mein Schatz«, sagt sie. »Der Bus fährt gleich ab.«

»Wo fahren wir hin?«, fragt Robin.

Er will nicht mit. Er will nirgendwohin. Er will hier auf dem Schulhof bleiben, bei den anderen Kindern.

»Wir fahren in die Stadt«, sagt Mama. »Zum Einkaufen.«

Das will Robin schon gar nicht. Er überlegt. Dann fragt er: »Soll der Schlitten mit in den Bus?«

»Den nimmt Papa nachher mit nach Hause.«

Ach so ...

Wieder überlegt Robin. Dann fragt er: »Kann der Bus durch den Schnee fahren?«

»Das ist kein Problem. Der Bus hat dicke Reifen.«

Ach so ...

Noch einmal überlegt Robin. Dann sagt er: »Ich will nicht mit!«

»Dein Pech«, sagt Mama.

»Muss ich wirklich?«, fragt Robin.

»Ja«, sagt Mama. »Wir kaufen dir schöne warme Stiefel. Du musst mit, um sie anzuprobieren. Komm jetzt! Sonst verpassen wir den Bus.«

Den Bus verpassen, das würde Robin gefallen. Er will nicht in die Stadt. Er will keine neuen Schuhe. Seine Stiefel sind noch gut. Er geht langsam. So langsam, wie er nur kann.

»Nun mach schon«, sagt Mama und zieht Robin am Arm. »Wenn wir in der Stadt sind, darfst du auch etwas Schönes aussuchen, das man an den Weihnachtsbaum hängen kann.«

Das klingt schon besser, denkt Robin.

»Darf ich ganz allein etwas aussuchen?«, fragt er. »Etwas, das mir richtig gut gefällt?«

»Klar«, sagt Mama.

Robin geht schneller. Er zieht Mama am Arm. Sie soll sich beeilen. Sonst verpassen sie den Bus.

Aber sie verpassen ihn nicht.

Im Bus ist es warm. Robin und Mama setzen sich nach hinten, auf die lange Bank am großen Fenster. Der Bus fährt langsam. Wegen des Schnees. Aber er fährt. Erst durchs Dorf, dann an den Wiesen entlang.

Die Welt ist weißer als Salz, weißer als Zucker, weißer als Zucker und Salz zusammen auf einem glatt gebügelten weißen Tischtuch. So weiß ist die Welt. Aber der Himmel ist dunkel.

»Schau mal«, sagt Mama, »da im Graben haben die Enten ein Loch ins Eis gemacht.«

Der Bus fährt so langsam, dass Robin alles gut sehen kann. Er sieht ein Loch im Eis. Eine Stelle, an der das Wasser nicht gefroren ist. Und darin schwimmen bestimmt hundert Enten.

»Die Enten schwimmen abwechselnd eine Runde«, erzählt Mama. »Dadurch bleibt das Wasser in Bewegung und kann nicht gefrieren. Das wissen die Enten. Darum haben sie sich hier versammelt. Schlau, nicht wahr? So können sie sich beim Schwimmen abwechseln und das Eisloch offen halten. Damit sie den ganzen Winter über nach Futter tauchen können.«

»Guck mal, Mama!«, ruft Robin. »Da steht ein Reiher am Loch!«

»Liebe Güte, ist der dünn«, sagt Mama.

Wenig später gehen Robin und Mama durch die belebten Straßen der Stadt. Sie gehen von einem Laden in den nächsten. Sie kaufen gute Sachen zum Essen und Wein für das Weihnachtsfest. Und für Robin kaufen sie neue Schuhe. Schöne hohe warme Stiefel. Robin darf sie gleich anbehalten. Er stapft damit durch den Schnee. Die Schuhe heißen Krokodil. Ein toller Name.

»Schau mal hinter dich«, sagt Mama.

Robin guckt über seine Schulter. Er sieht Leute und Läden.

»Im Schnee«, sagt Mama.

Robin schaut auf den Schnee.

»Deine Fußspuren«, sagt Mama.

Robin dreht sich ganz um. Er bückt sich und betrachtet die Abdrücke seiner neuen Schuhe im Schnee. Sie haben Rillen. Richtig – die Sohlen seiner neuen Schuhe haben auch Rillen. Das hat Robin schon im Laden gesehen. Er bückt sich noch tiefer und sieht ganz genau hin. Dort, wo der Absatz sich in den Schnee gedrückt hat, ist ein Kreis zu sehen. Und in dem Kreis ist ein Krokodil!

»Halt mich mal fest«, sagt Robin zu Mama.

Mama hält ihn fest, und Robin hebt einen Fuß hoch. Er hält den neuen Schuh fest und sieht sich die Unterseite an, den Absatz.

Tatsächlich! Auf dem Absatz ist ein Kreis und darin ist das Krokodil!

Robin lässt seinen Fuß los und stellt ihn in den Schnee. An einer Stelle, wo noch keine anderen Spuren sind. Er tritt so fest auf wie nur möglich. Dann hebt er behutsam den Fuß hoch und schaut auf den Schnee. Wie toll! Da sind die Rillen, der Kreis und das Krokodil. In den Schnee gestempelt. So, wie sie manchmal in der Vorschule stempeln.

Robin freut sich riesig über seine neuen Schuhe.

Während er weitergeht, sieht er sich immer wieder um. Schritt-Schritt-Schritt, Krokodil-Krokodil-Krokodil ... Robin stempelt die ganze Stadt mit Krokodilen voll.

»Fahren wir jetzt nach Hause?«, fragt er.

Er will das Krokodil Oma und Opa und Papa zeigen. Und Schnuff! Suse nicht. Die ist noch so klein, die erschrickt womöglich über das Krokodil. Aber die anderen müssen alle mit rauskommen. Nachher. Zu Hause. Denn Robin will das Krokodil zeigen. Nicht das Krokodil am Schuhabsatz, nein, das Krokodil im Schnee!

Aber Mama will noch nicht nach Hause.

»Wir wollen doch noch schöne Sachen für den Weihnachtsbaum kaufen«, sagt sie.

Stimmt ja.

Was für ein schöner Tag! In den Straßen der Stadt wird es bereits dämmrig.

Die Läden sind hell erleuchtet und in den Schaufenstern liegen die herrlichsten Sachen.

Aber Robin sieht sie nicht. Er hat etwas Neues entdeckt: Man kann auch rückwärts gehen! Und das macht er. Er geht rückwärts und betrachtet zufrieden die Stempel seiner neuen Schuhe im Schnee.

Schritt-Schritt-Schritt, Krokodil-Krokodil-Krokodil …

Gitarre

Robin und Mama gehen durch die Straßen der Stadt. Robin geht rückwärts, damit er gut sehen kann, wie seine neuen Schuhe Abdrücke in den Schnee machen. Abdrücke mit Krokodilen. Mama geht vorwärts, damit sie gut sehen kann, in welchen Läden es schönen Weihnachtsbaumschmuck zu kaufen gibt. Robin darf auch etwas für den Baum aussuchen. Ganz allein. Etwas, das ihm richtig gut gefällt. Das hat Mama versprochen.

»Hier gehen wir rein«, sagt Mama.

Robin dreht sich um und betritt vorwärts den Laden. Drinnen läuft Musik. Weihnachtslieder. Mitten im Raum steht ein großer Weihnachtsbaum, der über und über mit Kugeln und Girlanden und anderen glitzernden Dingen behängt ist. Alle Farben, die es auf der Welt gibt, sind an diesem Baum zu sehen: Gold und Silber und Rot und Gelb und Blau und Grün. Und auch Sachen aus Glas hängen dran.

Robin fällt sogleich eine prächtige lila Gitarre auf. Er geht zum Baum.

»Die will ich«, sagt er und deutet auf die Gitarre.

»Das geht nicht«, sagt Mama. »Wir kaufen nur Baumschmuck aus Silber und Glas.« Sie nimmt Robins Hand und führt ihn zu einem Tisch, auf dem Schachteln stehen. Über hundert Stück. Die Schachteln haben Fächer und darin liegen Kugeln und Glöckchen und Engelchen und Girlanden. Alle in zartes Seidenpapier gebettet.

»Schau mal, Robin«, sagt Mama. »In diesen Schachteln liegen die Sachen aus Silber und Glas.«

Aber Robin sieht gar nicht hin. Sein Blick ist auf den Weihnachtsbaum gerichtet. Auf die prächtige lila Gitarre, die dort hängt.

»Such dir hier etwas aus«, sagt Mama.

Aber das will Robin nicht!

»Kann ich Ihnen behilflich sein?«, fragt die Verkäuferin.

»Ja«, sagt Mama, »ich hätte gern diese Kugel hier und das Glöckchen dort und ...«

Mama deutet hierhin und dorthin. Auf lauter Sachen aus Silber und Glas. Sie achtet nicht mehr auf Robin. Er geht wieder zum Baum, stellt sich davor und bewundert die Gitarre. Sie glänzt prachtvoll im Licht. Während Robin die Gitarre ansieht, klingen die Weihnachtslieder mit einem Mal noch viel schöner. Die Gitarre macht ihn ganz glücklich.

Da ist Mama wieder.

»Komm jetzt und such dir was aus«, sagt sie.

»Ich will die Gitarre«, sagt Robin.

»Ist das dein Ernst?«, fragt Mama.

Robin nickt. Er ist sich ganz sicher: Er will die Gitarre.

»Aber unser ganzer Baumschmuck ist aus Silber und Glas«, sagt Mama. »Dazu passt doch keine lila Gitarre.«

»Ich will sie aber so gern«, sagt Robin.

»Schau dich doch erst mal um, mein Schatz«, sagt Mama. »Hier gibt es so viele andere schöne Sachen.«

Robin spürt, wie Wut in ihm aufsteigt. Wut und Kummer. Gleich muss er weinen.

»Aber du hast gesagt, ich darf selber was aussuchen!«, sagt er. »Das hast du versprochen!«

»Ich weiß«, sagt Mama, »aber da wusste ich noch nicht, dass es so etwas überhaupt gibt ... Das Ding ist lila!«

Robin schaut die Gitarre an.

Sie wird immer schöner.

»Was man verspricht, muss man halten«, schnieft er. Seine Stimme klingt schon weinerlich.

»Da hast du recht, mein Junge«, sagt plötzlich eine Männerstimme hinter Robin. »Wenn deine Mutter was verspricht, muss sie es auch halten.«

Robin und Mama drehen sich um.

»Was geht Sie das an?«, fragt Mama ärgerlich.

Dann erkennt sie den Mann.

»Ach, Sie sind das ...«, sagt sie.

Robin kennt den Mann auch. Es ist Herr Smit von der Versicherung. Wenn im Dorf Jahrmarkt ist, steht Herr Smit immer vor dem Gasthaus »Zum Ritter Georg«. Dann verteilt er Münzen an die Kinder.

Jetzt steht er hier im Laden und sagt: »Das ist aber eine prächtige lila Gitarre. Die macht sich bestimmt sehr gut zwischen all dem Silber und Glas.«

Er lächelt Robin an. Robin schluchzt ein letztes Mal. Er will nicht weinen, er will zuhören. Jetzt wo es spannend wird.

»Ich würde die Gitarre ganz vorn an den Baum hängen«, sagt Herr Smit, »damit jeder sie gut sehen kann.«

»Hören Sie auf!«, sagt Mama und lacht. »Ist ja schon gut.«

Sie nimmt die Gitarre vom Baum und geht damit zur Verkäuferin.

Herr Smit zwinkert Robin zu.

»Was man verspricht, muss man halten«, sagt er.

Mama kommt wieder.

»Hier«, sagt sie. »Sei vorsichtig damit.«

Sie gibt Robin ein kleines Päckchen. Die Gitarre ... Robin nimmt das Päckchen in beide Hände. Ganz, ganz vorsichtig, so als wäre es ein winzig kleines Baby. Ein Baby aus Glas.

»Bedank dich bei Herrn Smit«, sagt Mama.

»Dankeschön!«, sagt Robin.

Herr Smit zwinkert Robin noch einmal zu. Robin kann noch nicht zwinkern. Dafür kann er lächeln. Er lächelt Herrn Smit freundlich an.

»Und nicht vergessen«, sagt Herr Smit. »Du musst die Gitarre ganz vorn an den Baum hängen. Versprochen?«

Robin nickt und geht dann zusammen mit Mama aus dem Laden. An der Tür dreht er sich noch einmal um. Er winkt Herrn Smit zu. Aber Herr Smit sieht es nicht. Er spricht mit der Verkäuferin. Bestimmt will er auch eine Gitarre.

Draußen ist es jetzt dunkel. Es schneit wieder. Robin schaut zu, wie die Flocken vom hohen Himmel herabschweben. Die Straßenlampen brennen und die Flocken tanzen in ihrem Licht.

Robin denkt an Papa. Papa hat ihm einmal von der Nacht erzählt, in der er, Robin, geboren wurde. Damals hat es auch geschneit. Genau wie jetzt. Papa fuhr mit dem Rad durch die große Stadt und die Flocken tanzten im Licht der Straßenlampen. Papa findet, dass »Lampenlicht« das schönste Wort überhaupt ist.

Robin trägt sein Päckchen durch die Stadt. Seine Füße sind warm, aber die neuen Schuhe hat er völlig vergessen. Er freut sich so sehr über seine Gitarre. Und nachher, wenn sie zu Hause sind, wird der Weihnachtsbaum geschmückt. Dann kann er Oma und Opa und Papa die Gitarre zeigen. Und dann ... Und dann ... Und dann ...

Was für ein schöner Tag!

Daumen

»Wo ist Opa?«

Robin steht mit Mama in der Diele. Sie ziehen ihre Jacken aus und stampfen den Schnee von den Schuhen.

»Opa ist oben«, sagt Mama. »Horch mal!«

Robin hört auf zu stampfen. Er horcht. Von oben ertönen laute Schläge. Bong-bong-bong-bong …! Es dröhnt durch das ganze Haus.

»Was macht Opa?«

»Zimmern«, sagt Mama. »Ein Bettchen für Suse. Sie ist so schnell gewachsen, dass sie nicht mehr in ihre Wiege passt.«

»Opa!«, ruft Robin.

Er will seine lila Gitarre vorzeigen.

»Opa!«

Aber Opa hört ihn nicht. Kein Wunder. Opa zimmert.

Robin nimmt das Päckchen mit der Gitarre in die Hände, in beide Hände, und geht mit vorsichtigen Schritten die Treppe hinauf. Vor Suses Zimmer bleibt er stehen. Die Tür ist zu. Robin traut sich nicht, das Päckchen nur in einer Hand zu halten. Es könnte runterfallen. Aber so hat er keine Hand frei, um die Tür aufzumachen.

»Opa«, sagt Robin. »Opa, mach mal auf.«

Opa hört nichts. Opa zimmert. Bong-bong-bong-bong …! Laute Schläge. Plötzlich hört Robin einen etwas leiseren Schlag. Und dann … hört er Opas Stimme.

Opa sagt das aller-allerhässlichste Wort, das es auf der Welt gibt. Und er sagt es nicht leise, sondern sehr laut. Robin hat das Wort auch schon einmal gesagt. Es ist was mit Gott. Mama glaubt nicht an Gott, aber als Robin das Wort sagte, wurde sie trotzdem furchtbar böse. Robin darf es nie mehr sagen. Das hat er versprechen müssen.

Jetzt aber hat Opa es gesagt. Sehr laut. In Suses Zimmer. Robin hat es mit eigenen Ohren gehört. Was nun?

Robin legt das Päckchen mit der Gitarre neben der Tür auf den Fußboden. Er macht die Tür auf. Ganz leise. Nur einen Spalt.

Robin späht ins Zimmer.

Er sieht Opa. Opa führt einen Tanz auf. Mit dem Daumen im Mund. Dazu summt Opa eine Art Musik: »Mmm, mmm, mmm ...«

»Hallo, Opa«, sagt Robin.

Opa bleibt stehen. Er schaut zur Tür. Er sieht Robin und fängt an zu weinen. Nicht in echt natürlich. Er tut nur so. Das sieht lustig aus. Opa hat immer noch den Daumen im Mund.

»Opa, glaubst du an Gott?«, fragt Robin.

»Nicht wenn ich mir auf den Daumen haue«, sagt Opa mit vollem Mund.

Das also war es: Opa hat sich auf den Daumen gehauen! Mit dem großen Hammer! Muss das wehtun!

»Aber nachher schon wieder, oder?«, sagt Robin.

»Was nachher schon wieder?«

»Nachher glaubst du wieder an Gott, oder?«

»Ich denke schon«, sagt Opa. »Aber erst einmal muss ich meinen Daumen unter kaltes Wasser halten.«

Er geht zum Waschbecken und dreht den Hahn auf. Dann hält er seinen Daumen in den Wasserstrahl.

»Puh«, sagt Opa. »Das hat vielleicht wehgetan ...«

»Papa sagt, dass es Gott nicht gibt«, sagt Robin.

»Ach, vielleicht hat dein Papa ja recht«, sagt Opa.

»Aber du glaubst doch an Gott!«, ruft Robin.

Er will nicht, dass Papa recht hat. Er will, dass Opa recht hat. Robin will, dass es Gott gibt.

»Ich glaube an Gott«, sagt Opa. »Aber ich bin ja schon ein alter Mann.«

Das versteht Robin nicht.

»Alte Leute glauben oft an Gott«, sagt Opa. »Vielleicht, weil ihre Väter und Mütter schon tot sind. Und wenn sie an Gott glauben, haben sie doch auf diese Weise noch eine Art Vater ... Keinen Vater mehr zu haben, ist schon seltsam, weißt du.«

Robin nickt. Sein Papa stirbt noch lange nicht. Zum Glück.

»Du hast noch eine Mutter«, sagt er zu Opa.

Robin hat Opas Mutter schon öfter gesehen. Sie wohnt in der großen Stadt und hat schneeweißes Haar. Alle nennen sie Öhmchen.

»Du hast Öhmchen«, sagt Robin.

»Darüber bin ich auch sehr froh«, sagt Opa.

»Bei Öhmchen traust du dich bestimmt nicht, das hässliche Wort zu sagen«, sagt Robin.

»Was für ein Wort?«

»Das von vorhin, als du dir auf den Daumen gehauen hast.«

»Oje«, sagt Opa. »Das hast du gehört?«

Robin nickt.

»Nein«, sagt Opa, »das würde ich mich nicht trauen, wenn meine Mutter dabei wäre. Weißt du, was dann passieren würde? Wenn ich das sage und meine Mutter hört es? Sie würde sagen: ›Hopp, knie dich in deine Holzpantinen und bete zehn Vaterunser.‹«

»Was bedeutet das?«, fragt Robin.

»Das musste ich früher immer machen, wenn ich ungezogen war«, sagt Opa. »Ich musste meine Holzpantinen vor mich hinstellen, mich reinknien und zehn Mal das Vaterunser beten. Mann, da tun einem die Knie weh!«

»Bestimmt bist du darum mit dem Schiff nach China gefahren«, sagt Robin.

»Ich glaube schon«, sagt Opa.

»Was ist beten?«, fragt Robin.

»Mit Gott sprechen«, sagt Opa.

»Und was sagt man da?«

»Moment.« Opa dreht den Wasserhahn zu. Dann schlüpft er aus seinen grauen Hausschuhen und stellt sie ordentlich nebeneinander auf den Fußboden.

»Das sind jetzt meine Holzpantinen«, sagt er.

Opa kniet sich in seine Hausschuhe.

Robin schlüpft auch aus seinen Hausschuhen und kauert sich neben Opa. Mit den Knien in den Hausschuhen.

»Hände zusammenlegen«, sagt Opa.

Robin legt seine Hände zusammen.

»Jetzt die Finger verschränken«, sagt Opa.

Robin verschränkt seine Finger.

»Augen zu«, sagt Opa«, und dann sprich mir nach ...«

Robin macht seine Augen zu und lauscht.

»Vater unser im Himmel«, sagt Opa.

»Vater unser im Himmel«, sagt Robin.

»Geheiligt werde dein Name.«

»Geheiligt werde dein Name.«

»Dein Reich komme.«

»Dein Reich komme.«

»Wie im Himmel, so auf Erden.«

»Wie im Himmel ...«

Plötzlich erklingt eine dritte Stimme: »Was geht hier vor?«

Robin und Opa machen die Augen auf. In der Tür steht Papa. Er hat Suse auf dem Arm und guckt furchtbar wütend.

»Was macht ihr da?«

»Beten«, sagt Opa mit seiner alten Brummstimme.

»Gottverd...«

Uiuiui! Beinahe hätte Papa das aller-allerhässlichste Wort auf der ganzen Welt gesagt. Aber nur beinahe. Papa ist stinkwütend. Robin hat Angst vor Papa, wenn er so wütend ist.

»Schluss damit!«, schreit Papa. »Unter meinem Dach wird nicht gebetet! Das ist mein Haus!«

Zum Glück bleibt Opa ganz ruhig. Er steht auf, zieht seine Hausschuhe an und sagt: »Ich hab mir auf den Daumen gehauen. Holst du mir bitte ein Pflaster?«

»Hol's dir selber!«, schreit Papa.

Er schreit so laut, dass Suse zu kreischen anfängt.

»Und kleb's dir nicht auf den Daumen, sondern auf den Mund!«, schreit Papa. »Damit ich den Quatsch über Gott nicht mehr hören muss! Nicht in meinem Haus! Nicht unter meinen Dach! Und schon gar nicht vor dem Jungen ...«

Papa knallt mit Wucht die Tür hinter sich zu. Suse kreischt auf dem Flur weiter.

»Puh«, macht Opa.

Da reißt Papa die Tür wieder auf.

»Und lass das Hämmern!«, sagt er. »Ich leg Suse jetzt ins große Bett. Sie muss schlafen. Außerdem essen wir gleich.«

Rums! Die Tür knallt wieder zu. Und fort ist Papa.

Wie schrecklich! So etwas Schreckliches hat Robin noch nie erlebt. Das war ein handfester Streit. Ein Streit zwischen Opa und Papa.

»Ich hol dir ein Pflaster«, sagt Robin.

»Lieb von dir«, sagt Opa. »Und bitte auch eine Schere.«

Das verspricht Robin.

Gott

Oma und Mama sind in der Küche. Sie kochen. Robin geht langsam zum Küchentisch. Der Streit zwischen Opa und Papa hat ihn sehr erschreckt. Aber er will nicht weinen. Er will die Pflasterrolle und die Schere holen. Die liegen in der Schublade des Küchentischs. Nur das will er. Und niemand soll etwas zu ihm sagen.

Aber Mama sagt doch etwas. »Was war denn das für ein Geschrei oben?«, fragt sie.

Und dann, ja, dann weint Robin doch. Er rennt zu Mama und drückt das Gesicht an ihren Bauch.

»Was ist denn, mein Schatz?«, fragt Mama.

»Es hat Streit gegeben«, schluchzt Robin.

»Mit wem hattest du Streit?«, fragt Mama. »Mit Papa?«

»Ich nicht«, schluchzt Robin. »Opa.«

»Opa und Papa hatten Streit?«

Robin nickt. Mit dem Gesicht an Mamas Bauch.

»Aber warum denn?«

»Wegen … wegen … wegen …«

Robin kann kaum noch sprechen.

»Wegen … wegen Gott!«

»Herrje«, sagt Oma. »Ist es mal wieder so weit? Deshalb musst du nicht weinen, Robin. Opa und Papa streiten immer wegen Gott. Früher schon. Es geht von selber wieder vorbei.«

Das klingt gut.

Robin sieht Oma an. Sie schließt kurz die Augen und nickt Robin zu. Robin trocknet seine Tränen an Mamas Rock ab. Dann schließt er kurz die Augen und nickt Oma zu. Oma lacht.

Robin geht zum Küchentisch. Er zieht die Schublade auf und nimmt die Schere und die Pflasterrolle heraus.

»Für Opa«, sagt er. »Opa hat sich auf den Daumen gehauen.«

»Herrje«, sagt Oma. »Ist es mal wieder so weit? Opa haut sich immer auf den Daumen. Früher schon. Er braucht überhaupt kein Pflaster. Es geht von selber wieder vorbei.«

Trotzdem nimmt Robin Pflaster und Schere mit nach oben.

»Danke, mein Junge«, sagt Opa.

Er betrachtet seinen Daumen. Der Daumen ist ganz lila. Und ein bisschen blutig.

»Wir kleben ein breites Pflaster drauf«, sagt Opa.

»Darf ich abschneiden?«, fragt Robin.

Opa sagt, wo Robin schneiden soll, und Robin schneidet. Er schneidet ein breites Pflaster ab.

»Opa«, sagt Robin, »hattest du früher auch immer Streit mit Papa?«

»Fast nie«, sagt Opa.

»Und wegen Gott?«

»Doch ja«, sagt Opa. »Wegen Gott streiten wir immer wieder. Aber früher war das viel schlimmer als heute.«

»Warum denn?«, fragt Robin.

Opa klebt das Pflaster auf seinen Daumen.

»Tja nun«, sagt er, »früher hat dein Papa immer gesagt ›Gott gibt es nicht‹ und ich darauf ›doch‹ und er dann ›nein‹ und ich wieder ›doch‹. So ging das oft einen ganzen Abend lang. Aber wenn dein Papa heute sagt ›Gott gibt es nicht‹, dann sage ich ›vielleicht hast du recht‹ und damit ist der Streit im Nu vorbei.«

»Ist der Streit jetzt auch vorbei?«, fragt Robin.

»Aber sicher«, sagt Opa. »Weißt du, es hat deinen Papa ein bisschen erschreckt, uns beim Beten zu sehen. Dabei haben wir gar nicht richtig gebetet ...«

»Ich schon«, sagt Robin.

»Ach«, sagt Opa. »Na denn ...«

»Kann Gott einen wirklich hören, wenn man richtig betet?«, fragt Robin.

»Ja«, sagt Opa. »Das glaube ich schon.«

»Aber wenn ganz, ganz viele Menschen gleichzeitig beten? Dann hört er doch alles durcheinander. Kann er da noch verstehen, was ich sage?«

»Kein Problem«, sagt Opa.

»Dann hat Gott bestimmt sehr viele Ohren …«

»Du hast es erfasst«, sagt Opa. »Gott hat sehr viele Ohren. Für jeden Menschen hat Gott ein Ohr.«

»Hat Gott auch ein Ohr für mich?«, fragt Robin.

»Klar.

»Und für Papa?«

»Für Papa auch«, sagt Opa. »Aber in das Ohr für Papa hat Gott einen Wattebausch gesteckt.«

»Hat Gott auch ein Ohr für Suse?«, fragt Robin.

»Und ob«, sagt Opa. »Für Suse hat Gott ein ganz besonders schönes Ohr.«

»Aber Suse kreischt doch immer so«, sagt Robin. »Hat Gott für alle kreischenden Babys ein Ohr?«

»Ja«, sagt Opa. »Für alle kreischenden Babys.«

»Hat er da auch Watte reingesteckt?«

»Aber nein«, sagt Opa, »das bisschen Kreischen kann Gott schon aushalten.«

Mama kommt ins Zimmer.

»Alles in Ordnung bei euch?«, fragt sie.

Sie wirft einen Blick auf Opas verpflasterten Daumen.

»Ist Papa noch wütend?«, fragt Robin.

»Ach was«, sagt Mama, »der singt schon wieder. Kommt ihr? Es gibt Essen.«

Zu dritt gehen sie die Treppe hinab.

Im Wohnzimmer ist es gemütlich. Der Ofen brennt, Oma sitzt auf dem Sofa und liest Zeitung und Papa schmückt den Weihnachtsbaum. Die Girlanden hängen schon. Jetzt noch die Kugeln und die Kerzen und die Glöckchen und …

Die Gitarre!

Die liegt noch oben neben der Tür! Wo viele Erwachsene vorbeigegangen sind. Sogar wütende!

Robin rennt aus dem Zimmer, die Treppe hinauf. Was für ein Glück: Das Päckchen liegt noch da! Und es ist heil. Robin nimmt es in beide Hände und geht langsam die Treppe hinab.

Im Wohnzimmer legt er das Päckchen auf den Tisch. Neben seinen Teller.

Ganz behutsam öffnet Robin es. Papier ab. Schächtelchen auf. Und da … liegt die Gitarre! Im Lampenlicht glänzt sie wunderbar lila.

»Guckt mal!«, ruft Robin.

Alle kommen und gucken.

»Das ist aber schön!«, sagt Opa.

»Prächtig«, sagt Oma.

»Wo soll die Gitarre hängen?«, fragt Papa.

Robin geht mit Papa zum Weihnachtsbaum. Er darf die Gitarre selbst an einen Zweig hängen. Er sucht eine Stelle ganz vorn aus. Damit alle die Gitarre gut sehen können.

Sie setzen sich an den Tisch und Papa erzählt einen Witz:

»Kommt ein Mann zum Pfarrer und fragt: ›Herr Pfarrer, kann Gott alles?‹

›Ja‹, sagt der Pfarrer. ›Gott kann alles.‹

›Kann er dann auch einen Stein machen‹, fragt der Mann, ›der so schwer ist, dass er ihn selber nicht hochheben kann?‹

›Selbstverständlich kann Gott das‹, sagt der Pfarrer.

›Ha!‹, sagt der Mann. ›Dann kann Gott doch nicht alles!‹

›Was kann er denn nicht?‹, fragt der Pfarrer.

›Den Stein hochheben!‹, sagt der Mann.«

Die Erwachsenen lachen alle.

»So«, sagt Papa, »das hat gesessen!«

»Ja, der Witz ist gut«, sagt Opa.

Robin jedoch findet den Witz überhaupt nicht gut. Er schaut zu der Gitarre am Baum und denkt: Ich bin froh, dass Gott in das Ohr für Papa Watte gesteckt hat.

Puder

Es ist der Abend vor Weihnachten. Und es ist spät. Suse schläft schon, und Robin muss auch bald ins Bett. Bald … Die Erwachsenen sitzen am Tisch und spielen Karten. Wenn die Kartenpartie zu Ende ist, muss Robin ins Bett. Das Radio spielt leise Musik. Robin und Schnuff sitzen auf dem Sofa. Sie lauschen der Musik und betrachten den Weihnachtsbaum. Dort glänzen die silbernen und gläsernen Kugeln. Robins lila Gitarre hängt natürlich auch am Baum. Ganz vorn. Die Kerzen brennen noch nicht. Die dürfen erst angezündet werden, wenn es richtig Weihnachten ist*. Die Partie ist zu Ende.

»Ich geh dann mal«, sagt Opa. »Bis nachher.«

Er steht auf und verlässt das Wohnzimmer.

»Höchste Zeit für dich«, sagt Papa zu Robin.

Jetzt muss Robin ins Bett. Aber er will noch nicht!

»Wo geht Opa hin?«, fragt er.

»Opa geht ein Stück spazieren«, sagt Papa.

»In die Kirche«, sagt Mama.

Robin will auch in die Kirche!

Opa kommt wieder ins Zimmer. In seiner Jacke. Er gibt Robin einen Kuss.

»Darf ich mit in die Kirche?«, fragt Robin.

»Nein!«, ruft Papa. »Es ist bald Schlafenszeit!«

Robin sieht Mama an.

»Ach …«, sagt sie.

»Von mir aus gern«, sagt Opa. »Zu zweit ist es doch netter.«

Robin sieht Papa an.

»Ich weiß nicht recht«, sagt Papa. »Dieses Getue mit Gott …«

Robin sieht Mama an.

»Ich weiß nicht, ob es dir in der Kirche gefällt«, sagt Mama zu ihm. »Es dauert ziemlich lange …«

---

* In Robins Heimat wird das Weihnachtsfest erst am 25. Dezember gefeiert. Eine Bescherung gibt es für die Kinder dort nicht an Weihnachten, sondern am Nikolaustag.

Jetzt ist sich Robin ganz sicher: Er darf mit! Er braucht nur noch einen Satz zu sagen. Und den sagt er: »Aber ich möchte so gern.«

»Dann geh eben«, sagt Mama.

Robin rennt in die Diele. Er zieht seine Jacke über, setzt die Kapuze auf und bindet sich den Schal um. Er schlüpft in seine neuen Schuhe und zieht die Fäustlinge an.

Opa macht die Haustür auf. Zu zweit gehen sie in die Nacht hinaus.

Denn Nacht ist es jetzt. Und zwar richtig. Der Himmel ist schwarz. Kein Stern ist zu sehen und der Mond auch nicht. Trotzdem ist es noch ein bisschen hell. Das kommt vom Schnee. Der Schnee ist so weiß, so blendend weiß, dass man meinen könnte, darunter würden Lämpchen brennen. Die Lämpchen sieht man nicht, ihr Licht aber schon. Vielleicht sind da Zwergenhäuschen unterm Schnee, denkt Robin, mit Licht hinter den Fenstern. Der Schnee liegt so dick, dass es gut sein könnte. Robin macht ganz vorsichtige Schritte, um die Häuschen nicht zu zertreten.

Hand in Hand gehen sie durch den Schnee, Robin und Opa. Robins kleiner Fäustling liegt schön warm in Opas großem Handschuh. Die Kirchenglocke läutet. Sie läutet laut und anhaltend. Aus den Häusern kommen Leute und gehen in Richtung Kirche. Die Straße ist mit einem Mal belebt, mitten in der Nacht.

Die Kirche ist gegenüber vom Gasthaus »Zum Ritter Georg«. Zwischen der Kirche und dem Gasthaus ist ein freier Platz.

»Hier war der Jahrmarkt, Opa«, sagt Robin.

»Richtig«, sagt Opa. »Da bist du Karussell gefahren.«

»Dass du das noch weißt!«, sagt Robin.

»Tja«, sagt Opa. »Damals war Jahrmarkt und jetzt ist schon Weihnachten. Beim Jahrmarkt geht es laut zu und Weihnachten ist ein stilles Fest. Nachher in der Kirche musst du auch still sein.«

Die Kirche ist hoch. Ungeheuer hoch. Das sieht man, wenn man direkt davorsteht und zum Wetterhahn auf dem Turm hinaufschaut.

Aber in der Kirche drin sieht man es noch besser. Robin ist zum ersten Mal in seinem Leben in der Kirche. Innen scheint die Kirche so hoch zu sein wie draußen am Himmel die Wolken. Es brennen große Kerzen und die Orgel spielt Musik.

»Wir setzen uns nach oben, auf die Empore«, sagt Opa. »Von dort können wir alles gut sehen.«

In der Kirche ist vieles aus Holz. Robin und Opa steigen eine Holztreppe hinauf. Zu einer Art Tribüne aus Holz. Das ist die Empore. Wenn man von da hinabschaut, sieht man die ganze Kirche. Die Empore hat ein Geländer aus Holz. Das ist praktisch. So kann man nicht runterfallen. Und dann sind da noch Holzbänke. Robin und Opa setzen sich auf die vorderste Bank und schauen hinab. Opa schaut über das Geländer hinweg und Robin zwischen den Stäben hindurch.

Robin findet es schön in der Kirche. Er sieht eine Menge Leute, die er kennt. Auch Kinder aus der Vorschule sind da. Robin sieht Nellie und Alexander und Elias und Hermann und Jan und Wiebke und Wim. Er winkt ihnen zu, aber sie winken nicht zurück. Sie sehen Robin nicht. Sie rennen umher. Die Erwachsenen sitzen auf den Bänken und schwatzen miteinander. Aber als die Orgel verstummt, sind alle still.

Die Kinder setzen sich hin. Sie haben gute Plätze, ganz vorn.

Ein Mann in einem schwarzen Kleid kommt in die Kirche.

»Das ist der Pfarrer«, flüstert Opa.

Der Pfarrer steigt eine kleine Treppe hinauf und stellt sich auf einen winzigen Balkon. Es ist fast so, als würde er vorn auf einem Schiff stehen und Ausschau halten. Aber er hält nicht Ausschau. Er schlägt ein Buch auf und schaut hinein. Dann sagt er etwas zu den Leuten in der Kirche.

Was er sagt, kann Robin nicht verstehen. Die Orgel beginnt wieder zu spielen. Und dann …

Robin kriegt einen Riesenschreck!

Die Leute singen alle aus voller Kehle! Es dröhnt und tost und hallt durch die Kirche. Robin schmiegt sich an Opa und legt sein Ohr an Opas Brust. Opa singt auch. Seine Stimme brummt durch die Rippen und die Haut heraus. So gelangt Opas Stimme in Robins Ohr. Schön ist das!

Nur … Opa singt keine richtigen Wörter. Er singt »la la la« und »pom pom pom« und »falleri fallera«. Wenn die anderen Leute kurz still sind, um Luft zu holen, singt Opa weiter. Und wenn Opa kurz still ist, um Luft zu holen, singen die anderen Leute weiter. Opa kennt das Lied nicht! Er weiß überhaupt nicht, wie man es singt. Er pom-pom-pomt einfach irgendwas.

Plötzlich ist das Lied zu Ende. Es ist wieder still in der Kirche. Nun ja, fast still … Opa singt immer noch. Ganz allein! Opa hat noch nicht gemerkt, dass das Lied aus ist.

»Pssst!«, macht Robin.

Da ist auch Opa still.

Der Pfarrer fängt an zu sprechen. Robin möchte gern etwas über Gott hören. Aber … Robin kann den Pfarrer nicht verstehen! Er hört angestrengt hin. Ab und zu versteht er ein Wort. »Licht« und »Weihnachten«. Mehr nicht. Alles andere klingt hohl. So als hätte der Pfarrer sich einen Eimer über den Kopf gestülpt.

»Was sagt der Pfarrer?«, fragt Robin.

»Keine Ahnung«, brummt Opa. »Ich verstehe kein Wort.«

»Ich auch nicht«, flüstert Robin.

»Du musst gut hinhören«, sagt Opa. »Probier's mal.«

Robin nickt. Er hört noch besser hin.

»Oggarm wanda elbus«, sagt der Pfarrer.

Und »Sadden werula urdoof.«

Und: »Wermalle kreufel.«

Und dann sagt der Pfarrer: »Uder ineim ütchen.«

»Das hab ich verstanden«, sagt Opa. »Das hab ich verstanden … Der Pfarrer hat gesagt ›Puder in meinem Hütchen‹.«

Puder in meinem Hütchen?, denkt Robin. Puder in meinem Hütchen? Robin sieht sich den Pfarrer ganz genau an. Der hat doch gar kein Hütchen auf! Robin schaut wieder zu Opa. Was ist das denn?! Opa sitzt da und lacht vor sich hin! Und er zwinkert Robin zu.

Darf man in der Kirche lachen?

Robin lacht nicht mit. Er traut sich nicht.

Strafe

Robin und Opa sitzen oben in der Kirche und hören dem Pfarrer zu. Aber …
sie können ihn nicht verstehen! Der Pfarrer redet und redet und redet, aber
was er sagt, das wissen sie nicht. Mama hatte recht. Es dauert furchtbar lange. Robin schmiegt sich wieder an Opa. Ihm ist warm, und er wird so dösig,
dass er fast einschläft. Aber richtig schlafen, das traut Robin sich nicht. Bestimmt ist das in der Kirche verboten.

Endlich ist der Pfarrer mit seiner Geschichte fertig. Die Orgel setzt ein und
die Leute singen wieder. Ganz laut. Sofort ist Robin hellwach. Er schaut nach
unten. Der Pfarrer geht das Treppchen hinab und auf die Kinder zu.

Die Kinder stehen auf und bekommen Geschenke!

Nellie und Alexander und Elias und Hermann und Jan und Wiebke und alle
anderen bekommen jeder eine schöne große Orange und ein Buch! Ein Buch
über die Weihnachtswichtel. Die Kinder sind weit weg und die Bücher auch,
trotzdem sieht Robin es genau: Es sind Bücher über die Weihnachtswichtel!

Robin will auch so ein Buch!

»Kriege ich auch ein Geschenk«, fragt er Opa.

»Nein«, sagt Opa. »Die Kinder gehen in den Kindergottesdienst.«

»Ich will auch in den Kindergottesdienst«, sagt Robin.

»Das hält dein Papa bestimmt für keine gute Idee«, sagt Opa.

»Warum nicht?«

»Im Kindergottesdienst wird viel von Gott geredet.«

Ja, dann versteht Robin, warum Papa das für keine gute Idee hält. Papa
glaubt nicht an Gott.

Der Gottesdienst ist aus. Die Leute stehen auf und verlassen die Kirche.
Robin und Opa gehen die Holztreppe hinab. Unten an der Treppe steht Nellie.

»Ich hab ein Buch bekommen«, sagt sie.

Opa geht durch die große Tür ins Freie, in den Schnee hinaus. Robin bleibt
stehen und betrachtet Nellies Buch. Er hatte recht: Es ist ein Buch über die
Weihnachtswichtel.

»Du gehst nicht in den Kindergottesdienst, was?«, fragt Nellie.

Robin schüttelt den Kopf.

»Dafür wird Gott dich gehörig strafen«, sagt Nellie.

Robin erschrickt furchtbar.

»Ich brauche gar nicht in den Kindergottesdienst zu gehen«, sagt er schnell. »Ich weiß auch so alles über Gott.«

Einen Moment lang hat Robin das Gefühl zu träumen. In seinem Kopf sieht er einen großen Mann, der in einer Hand den Mond hält und mit der anderen die Sonne am Himmel entlangschiebt. Wenn der Mann ausatmet, ist das wie ein Sturm, der das Wasser weit über den Strand treibt. Und wenn er einatmet, läuft das Wasser ins Meer zurück. Plötzlich sieht Robin, dass der Mann noch eine weitere Hand hat. Damit schleudert er Blitzstrahlen.

»Ich glaube nämlich an Gott«, sagt er leise.

»Das nützt nichts«, sagt Nellie. »Du musst in den Kindergottesdienst gehen. Sonst wird Gott dich gehörig strafen.«

Nellie hüpft aus der Kirche. Mit ihrer Orange und dem Weihnachtswichtel-Buch. Robin geht hinter ihr her. Er hüpft nicht, weil ihm nicht danach ist. Nellie hat gut hüpfen. Sie geht in den Kindergottesdienst. Robin nicht.

Draußen wartet Opa. Robin schiebt seine Hand in die von Opa. Sie gehen zusammen nach Hause. Durch den Schnee und durch die Nacht. Die Kirchenglocke läutet wie verrückt. Das macht Robin Angst. Es klingt gerade so, als würde ein riesengroßer Mann irgendwo zwischen Sonne und Mond Topfdeckel aneinanderschlagen.

»Opa …«, sagt Robin.

Er überlegt. Er will etwas sagen, etwas sehr, sehr Wichtiges. Aber das ist schwierig.

»Was ist, mein Junge?«, fragt Opa.

»Eigentlich bin ich ein Ritter von früher«, sagt Robin. »Und Schnuff ist auch ein Ritter von früher. Ich bin Ritter Validon und Schnuff ist Ritter Bullerich. Papa sagt, dass alle Ritter von früher an Gott glaubten …«

»Das stimmt«, sagt Opa.

»Denn die Ritter«, sagt Robin, »die wussten noch nichts über die Sonne und den Mond und das Meer und die Blitze.«

»Genau«, sagt Opa.

»Und ich«, sagt Robin, »ich verstehe das alles auch noch nicht richtig …«

»Also glaubst du auch ein bisschen an Gott?«, fragt Opa.

Robin holt tief Luft. Genau das wollte er sagen. Er hat sich nur nicht getraut. Opa versteht alles.

»Ja«, sagt er.

»Schön«, sagt Opa.

»Opa, kann Gott einem was tun?«, fragt Robin.

»Was tun?«

»Einen gehörig strafen …«

»Ja, bist du denn nicht bei Trost?«, sagt Opa.

»Wenn man sehr ungezogen ist«, sagt Robin.

»Das kümmert Gott nicht«, sagt Opa.

»Und wenn man nicht in den Kindergottesdienst geht?«

»Das ist Gott auch egal«, sagt Opa. »Außerdem …«

Opa hält inne. Er denkt nach. Sehr lange. Viel zu lange, findet Robin.

Ein Glück, jetzt sagt Opa wieder etwas. Er sagt: »Außerdem kann Gott dich überhaupt nicht sehen.«

»Echt wahr?«, fragt Robin.

»Ja, Gott kann dich nicht sehen«, sagt Opa.

»Aber hören kann er mich, oder?«, fragt Robin. »Er hat doch für jeden Menschen ein Ohr.«

»Das ist richtig«, sagt Opa, »aber Gott kann dich nur hören, wenn du es gern willst. Nur wenn du selber es willst, hört er dich. Und dann hört er dir auch zu. Erst dann.«

»Wie soll das gehen?«

»Es ist so ähnlich wie beim Telefonieren«, sagt Opa. »Wenn ich in einer Weile wieder in der großen Stadt bin, dann kann ich dich nicht sehen und auch nicht hören. Aber wenn du mich anrufst, kann ich dich sehr wohl hören! So ist es auch mit Gott. Und das Schöne ist, dass Gott immer zu Hause ist … Aber sehen kann er dich nicht. Genau wie ich dich nicht sehen kann, wenn du anrufst.«

»Kann Gott auch Antwort geben?«, fragt Robin.

»Das macht er manchmal«, sagt Opa. »Aber nicht besonders oft.«

»Also …«, sagt Robin, »also ist Gott nicht gefährlich?«

»Aber nein!«, sagt Opa. »Ein Löwe, der ist gefährlich.«

Robin nickt.

»Ja«, sagt er, »denn ein Löwe kann mich ja sehen.«

»Du hast es erfasst«, sagt Opa.

Robin seufzt ganz tief. Er ist froh, dass Gott nicht gefährlich ist. Opa seufzt auch ganz tief.

»Das war ein schwieriges Gespräch«, sagt er.

»Aber du hast es gut gemacht, Opa«, sagt Robin.

»Danke«, sagt Opa.

Die Kirchenglocke läutet immer noch, laut und oft. Jetzt ruft die Glocke die Leute nicht in die Kirche, sondern sie schickt sie nach Hause. Die Leute gehorchen der Glocke. Sie gehen nach Hause. Und Robin hat keine Angst mehr. Er versteht immer mehr.

Wenn die Glocke zwischendurch still ist, hört man in der Ferne die Glocken der anderen Dörfer. Das ist besonders schön.

Plötzlich sagt Opa: »Puder in meinem Hütchen …«

Robin lacht los.

Puder in meinem Hütchen … Das hat der Pfarrer in der Kirche gesagt. Puder in meinem Hütchen! In der Kirche hat Robin sich nicht zu lachen getraut. Jetzt aber schon. Es treibt ihm die Tränen in die Augen und er biegt sich vor Lachen. Nur gut, dass Opa ihn festhält, sonst wäre Robin vornüber in den Schnee gefallen!

»Puder in meinem Hütchen …!«, ruft er.

Allmählich muss auch Opa lachen. Erst lächelt er, dann kommen vergnügte Brummlaute aus seiner Kehle.

»Sag es noch mal, Opa. Sag noch mal, was der Pfarrer gesagt hat …«

»Puder in meinem Hütchen!«, ruft Opa.

Robin kann nicht mehr. Er hat Bauchweh vor lauter Lachen und Opa lacht nun auch ganz laut.

Es ist Heiligabend. Stille Nacht, heilige Nacht. Überall liegt Schnee. Auf den Hausdächern, in den Gärten, auf den großen Wiesen. Und natürlich auf der Straße. Das Licht der Straßenlampen fällt auf den Schnee. Die Welt ist weiß. Die Kirchenglocke hat aufgehört zu läuten. Die Welt ist still.

Durch die stille weiße Welt spazieren ein herzhaft lachender Opa und sein herzhaft lachender Enkel nach Hause. Hand in Hand durch die Nacht. Robins Fäustling in Opas großem Handschuh.

Puder in meinem Hütchen …

Schneemann

Heute ist Weihnachten. Der erste Weihnachtsfeiertag. Am Abend, wenn es dunkel ist, werden sie alle zusammen was Leckeres essen, in ihren schönsten Kleidern, und sie werden singen, und dann dürfen auch die Kerzen am Baum angezündet werden. Am Abend, wenn es dunkel ist …

Jetzt aber ist es Nachmittag. Robin und Opa spielen zusammen im Freien. Im Schnee. Robin hat sich versteckt. Hinter seinem Kletterbaum. Vorsichtig lugt er am Stamm vorbei.

Wo ist Opa geblieben? Hat Opa sich auch versteckt? Gerade war er noch da und nun ist der Garten leer! Robin hat einen Schneeball in der Hand. Den will er Opa auf die Nase werfen. Aber wo steckt Opa?

»Opa!«, ruft Robin.

Und da …

FLATSCH!

Ein Schneeball trifft Robin mitten ins Gesicht. Er kann nichts mehr sehen, nichts mehr sagen, nichts mehr riechen. Er hat Schnee in den Augen, im Mund und in den Nasenlöchern. Robin prustet und schnaubt. Seinen eigenen Schneeball lässt er fallen und reibt sich die Augen.

Opa kommt gerannt.

»Oje«, sagt er, »der hat aus Versehen besonders gut getroffen. Tut's weh?«

Robin schüttelt den Kopf. Es tut nicht weh. Der Schneeball war ja weich. Opa kann gut mit Schneebällen zielen. Und mit Äpfeln auch, das weiß Robin von früher. Opa hilft beim Schneeabwischen, dann ist Robins Gesicht wieder sauber und trocken.

»Opa«, sagt Robin, »stell dich mal da hin.«

Opa geht ein paar Schritte zurück. Robin bückt sich. Er nimmt eine Handvoll Schnee und will einen Ball daraus formen. Aber mit Fäustlingen ist das schwierig.

»Zieh die Handschuhe einfach aus«, sagt Opa.

»Dann krieg ich doch kalte Hände«, sagt Robin.

»Am Anfang schon«, sagt Opa, »aber wenn du es aushältst, werden sie nach einer Weile von allein warm.«

Robin zieht seine Fäustlinge aus. Wieder nimmt er eine Handvoll Schnee. Es ist kalt, aber so geht es viel besser. Er formt einen schönen runden Ball.

»Stehen bleiben, Opa!«, ruft Robin.

Opa bleibt stehen. Robin zielt. Er wirft.

FLATSCH!

Der Schneeball landet mitten auf Opas Bauch.

»Ufff!«, macht Opa.

Robin lacht.

»Das war gut, was?«

»Das war super«, sagt Opa. »Komm, jetzt bauen wir einen Schneemann.«

Opa formt eine kleine Kugel und rollt sie durch den Schnee. Die Kugel wird immer größer und dicker. Da, wo Opa sie gerollt hat, ist eine tiefe Spur im Schnee. Robin formt auch eine kleine Kugel und rollt sie durch den Schnee. Die Kugeln knirschen beim Rollen.

»Opa, wie sieht Gott aus?«, fragt Robin.

»Keine Ahnung«, sagt Opa.

»Kann man Gott nicht sehen?«, fragt Robin.

»Ich nicht«, sagt Opa.

»Du hast doch eine Brille«, sagt Robin.

»Eben deswegen«, sagt Opa.

Sie rollen ihre Kugeln weiter durch den Garten. Die werden größer und größer und größer.

»Opa«, sagt Robin, »bauen wir einen Schneemann, der aussieht wie Gott?«

»Das geht nicht«, sagt Opa.

»Nein«, sagt Robin. »Dafür haben wir nicht genug Schnee.«

»Ich weiß doch nicht, wie Gott aussieht«, sagt Opa.

»Bestimmt ist er sehr groß«, sagt Robin.

»Vielleicht auch sehr klein«, sagt Opa. »Winzig klein. So klein, dass er in deinem Kopf wohnen kann …«

»Und in deinem Kopf, Opa.«

»In den Köpfen aller Menschen«, sagt Opa. »In jedem Kopf ein winziges Stückchen Gott.«

»Das verstehe ich nicht«, sagt Robin.

»Ich auch nicht«, sagt Opa.

Darüber müssen sie beide furchtbar lachen.

Die Kugeln sind fertig. Robins Kugel ist sehr groß, die von Opa aber noch größer. Opa setzt Robins Kugel auf die Kugel, die er gerollt hat.

»Weißt du was, mein Junge?«, sagt er. »Du solltest nicht so viel über Gott nachgrübeln. Vielleicht hat dein Papa wirklich recht damit, dass es Gott nicht gibt.«

»Aber du glaubst doch an Gott!«

»Ja«, sagt Opa, »aber ich weiß nicht mit Sicherheit, ob es Gott gibt. Ich würde es aber schön finden, wenn es ihn gäbe …«

Opa schweigt kurz. Dann sagt er: »Lauf ins Haus und hol eine Mütze, einen Schal, ein paar Knöpfe und eine dicke Karotte. Dann rolle ich in der Zwischenzeit den Kopf für unseren Freund den Schneemann.«

Opa macht noch eine kleine Kugel und rollt sie durch den Garten. Robin läuft ins Haus und holt alles, was er holen soll. Aber er nimmt keine Mütze, sondern Omas kleinen grünen Hut! Wieder im Freien, sieht er, dass es schon dunkel wird. Der Schneemann hat jetzt einen Kopf.

Robin gibt Opa Omas Hut und Opa setzt ihn auf den dicken Kopf des Schneemanns. Er bindet Papas Schal um den dicken Hals des Schneemanns und drückt die große Karotte mitten in das dicke Gesicht. Die Karotte ist die Nase. Und mit den Knöpfen macht Opa Augen und einen Mund.

»Lachen oder weinen?«, fragt Opa.

»Lachen«, sagt Robin.

Opa macht einen lachenden Mund.

Fertig.

Der Schneemann ist fertig. Robin nimmt Opas Hand. Sie sind sehr stolz

und müssen furchtbar über Omas kleinen grünen Hut auf dem dicken weißen Kopf lachen.

Der Schneemann lacht fröhlich mit.

So stehen sie zu dritt im Garten und lachen.

»Robin! Opa!«

Das ist Mamas Stimme.

»Wir verstecken uns!«, flüstert Robin.

Robin und Opa rennen durch den Garten. Wo können sie sich verstecken?
Die Bäume und die Sträucher sind kahl. Nirgends sieht Robin ein gutes Ver-
steck.

Aber Opa hat eine Idee!

»Komm«, flüstert er.

Er zieht Robin in eine Ecke des Gartens. Zum Zaun hin. Dort hat der Wind
einen großen Schneehaufen zusammengeweht. Der Haufen ist so hoch wie
Robin groß ist. Robin und Opa stellen sich mit dem Rücken zu dem Schneehaufen hin. Hand in Hand.

»Wir zählen bis drei«, sagt Opa. »Und bei drei lassen wir uns rückwärts fallen. In den Schnee. Dann kann Mama lange suchen.«

Das findet Robin toll!

Zusammen mit Opa zählt er: »Eins … zwei …«

Und bei drei plumpsen sie rückwärts tief in den Schnee hinein.

Robin kann Opa nicht mehr sehen. Aber er spürt Opas Hand.

»Robin! Opa! Reinkommen!«, ruft Mama.

Mama ist jetzt im Garten, das kann Robin hören. Opa sagt nichts, also sagt
Robin auch nichts. Mama sucht nach ihnen. Auf einmal fängt sie an zu reden.

»Guten Tag, Herr Schneemann«, sagt sie, »haben Sie zufällig meinen Sohn
und seinen Opa gesehen?«

Dann sagt Mama mit brummiger Stimme: »Guten Tag, gnädige Frau. Meinen Sie vielleicht das kleine Bürschchen und den alten Kerl, die drüben am
Zaun im Schnee liegen?«

»Ja!«, ruft Mama mit ihrer normalen Stimme. »Die suche ich!«

Doofer Schneemann!, denkt Robin, halt doch den Mund! Aber Opa lacht
los. Er steht auf. Robin auch. Sie gehen zu Mama.

»Einen höflichen Schneemann habt ihr da gebaut«, sagt Mama. »Danke schön«, fügt sie dann, an den Schneemann gewandt, hinzu.

»Gern geschehen«, brummt dieser.

Mama geht ins Haus. Robin und Opa bleiben kurz an der Tür stehen und sehen in den Garten. Zu dem Schneemann und zu der Stelle am Zaun, wo sie im Schnee gelegen haben. Man sieht genau, wo es war. Sie haben Stempel in den Schnee gemacht, Robin und Opa. Abdrücke so schön wie die Krokodile, die Robin mit seinen neuen Schuhen in den Schnee drücken kann, nur viel größer.

Im Haus brennen alle Lampen. Das Licht scheint ins Freie. Es erhellt den Schnee vor der Haustür. Und auf dem hellen Schnee zeichnen sich zwei Schatten ab. Robins Schatten und Opas Schatten.

Nun gibt es drei Robins und drei Opas: einen echten Robin und einen echten Opa, einen Schatten-Robin und einen Schatten-Opa auf dem Schnee und einen Stempel-Robin und einen Stempel-Opa im Schnee.

Der echte Robin und der echte Opa gehen ins Haus. Ihre Hände sind wunderbar warm vom Schnee.

Knie

Robin muss baden. Erst baden und dann seine schönsten Kleider anziehen. Weil Weihnachten ist. Und weil groß gefeiert wird! Fürs Abendessen ziehen alle ihre schönsten Kleider an. Mama, Papa, Opa und Oma … Sogar Suse bekommt ein buntes Kleidchen angezogen. So muss es sein an Weihnachten.

Robin und Opa sind zusammen im Badezimmer. Die Wanne ist voll und das Wasser schön warm. Robin fängt an, sich auszuziehen. Opa steht am Waschbecken. Er legt seinen Rasierpinsel, seine Rasierseife und sein Rasiermesser bereit und lässt warmes Wasser laufen. Dann hält er den Rasierpinsel in den Wasserstrahl. Robin ist schon ganz nackt. Er will gerade in die Wanne steigen, da kommt ihm eine Idee.

»Opa, darf ich mich auch rasieren?«, fragt er.

»Gern«, sagt Opa.

Robin rennt aus dem Badezimmer, die Treppe hinab. Es ist eiskalt auf der Treppe. Es ist eiskalt in der Diele. In der Küche ist es etwas wärmer. Da sind Mama und Oma mit Kochen beschäftigt.

»Wo ist mein Schieber?«, fragt Robin.

»Ja, was soll das denn?«, fragt Mama. »Willst du etwa an Weihnachten krank werden? Wie kann man bloß mitten im Winter nackt durchs Haus rennen?«

Robin zieht die Besteckschublade auf.

»Ich will mich rasieren«, sagt er. »So wie Opa.«

»Und deshalb musst du nackt durchs Haus rennen?«, fragt Mama.

»Ne-hein«, sagt Robin.

»Rennt Opa auch nackt durchs Haus?«, fragt Oma.

»Ne-hein«, sagt Robin. »Ich such meinen Schieber.«

Er guckt in die Schublade. Den Schieber sieht er aber nicht. Mama stellt sich neben ihn. Sie greift in die Schublade und schon hat sie den Schieber. Mama findet immer alles. Sie gibt Robin den Schieber. Doofes Ding, denkt Robin, Schieber sind was für Babys. Er benutzt seinen Schieber nie. Er kann schon längst mit einem richtigen Messer essen.

»Jetzt lauf aber!«, sagt Mama und gibt Robin einen sanften Klaps auf den nackten Po.

Robin rennt aus der Küche, die Treppe hinauf, zu Opa. Ist doch gut, dass ich meinen Schieber noch habe, denkt er, als er ins Badezimmer läuft. Opa verstreicht gerade dicke Flocken Rasierseife auf seinen Wangen. Er sieht aus wie ein Schneemann.

»Komm her …«, sagt Opa.

Robin stellt sich vor Opa hin und hält das Gesicht hoch. Opa beginnt Robin einzuseifen. Er schmiert Seifenschaum auf Robins Kinn, auf Robins Wangen und plötzlich auch auf Robins Nase.

»He, lass das!«, ruft Robin.

Aber Opa gibt noch einen Tupfer auf Robins Nase.

»Ich will gucken!«, sagt Robin.

Opa hebt Robin hoch. Zusammen schauen sie in den Spiegel. Sie sehen zwei weiße Schneemänner. Aber diese Schneemänner haben keine Knöpfe als Augen, sie haben richtige Augen und die leuchten vor Vergnügen. Alle vier.

Opa setzt Robin wieder ab. Dann rasieren sie sich. Robin mit seinem Schieber, Opa mit seinem Rasiermesser. Robin schaut, wie Opa es macht, und macht es genauso.

Dann sind sie fertig.

»Und jetzt fühlen«, sagt Opa.

Sie reiben ihre Wangen aneinander. Sie sind so glatt wie Glas. Prima!

»Ab in die Wanne!«, sagt Opa.

Robin steigt in die Badewanne und setzt sich hin. Opa wäscht ihm die Haare. Das kann Opa gut. Es läuft kein Shampoo in Robins Augen. Nach dem Haarewaschen darf Robin noch eine Weile spielen.

Er nimmt sein Schiff vom Wannenrand und lässt es durchs Wasser tuckern. Er macht wilde Wellen. Der Kapitän des Schiffs hat Angst. Was für ein Sturm, denkt der Kapitän, was für Wellen! Und nirgends Land in Sicht!

Robin zieht das Bein an, sodass sein Knie aus dem Wasser ragt.

He!, denkt der Kapitän, eine Insel! Vielleicht wohnen dort Menschen. Dann können wir bei ihnen bleiben, bis der Sturm vorbei ist … Er steuert sein Schiff zur Insel. Die Insel ist aber klein, denkt der Kapitän. Viel zu klein. Da wohnen keine Menschen.

Nein, denkt Robin, die Insel ist nicht zu klein, das Schiff ist zu groß! Er nimmt das Schiff aus dem Wasser und betrachtet sein Knie. Na also! Jetzt wo das Schiff weg ist, ist sein Knie eine mächtig große Insel in einem mächtig großen Meer. Jetzt können sehr wohl Menschen auf der Insel wohnen. Tausende.

»Opa«, sagt Robin.

Opa steht vor dem Spiegel. Er knöpft gerade sein Hemd zu. Gleich ist er fertig damit. Opa wendet sich zu Robin um. Der zeigt auf sein Knie.

»Guck mal«, sagt er. »Eine Insel mitten im wilden Meer.«

»Die Insel ist kahl«, sagt Opa.

»Gar nicht wahr«, sagt Robin. »Da ist alles Mögliche drauf. Bäume und Berge und Häuser. Und da wohnen auch Menschen … Aber alles ist so klein, dass du es nicht sehen kannst.«

»Ach so«, sagt Opa, »jetzt begreife ich.«

Auf einmal wird Robin leicht schwindlig. Aber nicht vor Müdigkeit, sondern weil ihm ein ganz bestimmter Gedanke gekommen ist.

»Opa, die Menschen, die auf meinem Knie wohnen, die denken, dass ich Gott bin«, sagt Robin. »Weil …«

Er pustet kräftig ins Wasser, dicht neben seinem Knie. Die Wellen schlagen hoch an die Insel.

»… weil ich das machen kann«, sagt Robin. »Und die Menschen denken, dass mein eines Auge die Sonne ist und mein anderes Auge der Mond.«

»Schön«, sagt Opa.

»Opa …«, sagt Robin. »Glaubst du, dass die richtigen Menschen auf dem Knie vom richtigen Gott wohnen?«

»Das weiß ich doch nicht, mein Junge«, sagt Opa.

»Guck mal«, sagt Robin, »wenn Gott das hier macht …«

Er lässt sein Knie unter Wasser sinken. Weg ist die Insel.

»… dann ertrinken wir alle!«

»So was würde Gott nie machen«, sagt Opa. »Komm jetzt aus der Wanne, dann rubble ich dich trocken, bis du glühst.«

Robin steigt aus der Badewanne. Auf einmal ist er nicht mehr Gott. Das würde auch gar nicht gehen, denn Gott kann man nicht rubbeln, bis er glüht.

Als Robin trocken ist, zieht er seine schönsten Kleider an. Die Strümpfe, die Unterhose, die Hose, das Hemd und die vornehme Jacke. Und um den Hals kommt die Fliege mit dem Gummiband. Jetzt noch die Schuhe und … fertig! Opa bindet gerade seine Krawatte. Das macht er sehr geschickt. Mit einem schönen Schiebeknoten.

»Opa, hast du noch eine Krawatte?«, fragt Robin.

»Sogar drei«, sagt Opa.

»Darf ich eine haben?«

»Von mir aus gern«, sagt Opa.

Er holt seine drei Krawatten und Robin darf aussuchen. Robin entscheidet sich für die graue Krawatte. Er nimmt seine Fliege ab und Opa bindet ihm die Krawatte um.

Sie schauen zusammen in den Spiegel. Prächtig sehen sie aus!

»Jetzt runter, hopp«, sagt Opa. »Wir sind so weit.«

»Moment noch«, sagt Robin.

Er nimmt seine Fliege vom Waschbeckenrand und rennt damit in sein Zim-

mer. Da sitzt Schnuff, auf dem Bett. Robin legt das Gummiband mit der Fliege um den dicken Schweinehals. Nun kann auch Schnuff mitfeiern. Robin
nimmt ihn unter den Arm und zusammen mit Opa gehen sie die Treppe
hinab.

Jetzt sind alle schön für heute Abend.

Richtige Damen und Herren sind sie!

Weihnachten

Die Damen stehen in der Küche und kochen. Robin weiß nicht, was sie kochen. Das ist geheim. Die Herren dürfen nicht in die Küche. Die Herren müssen den Tisch decken. Aber man riecht im ganzen Haus, dass die Damen etwas sehr Leckeres kochen.

Der Tisch wird wunderschön. Die Herren verzieren das weiße Tischtuch mit roten Bändern und mit Tannengrün. Robin stellt die flachen Teller hin, Opa stellt die tiefen Teller auf die flachen Teller und Papa stellt die funkelnden Gläser neben die Teller. Robin legt die Messer auf den Tisch, Opa die Gabeln und Papa die Löffel. Dann kommen die Kerzenständer. Die Kerzenständer mit den Kerzen. Die Kerzen dürfen aber erst angezündet werden, wenn die Kerzen am Weihnachtsbaum brennen.

Suse liegt in ihrem bunten Kleidchen auf einer Decke am Boden. Sie spielt mit ihrer Rassel. Schnuff mit seiner vornehmen Fliege sitzt auf dem Sofa. Er macht ein fröhliches Gesicht.

Dann ist es so weit. Oma trägt eine große Schüssel herein. Sie stellt die Schüssel auf den Tisch. Suppe! Das schmeckt Robin!

»Zündest du die Kerzen an?«, sagt Oma zu Opa.

»Wird gemacht«, sagt Opa.

»Schenkst du den Wein ein?«, sagt Oma zu Papa. »Und für Robin ein Glas Kinderwein.«

»Wird gemacht«, sagt Papa.

Papa geht aus dem Zimmer. Opa holt Streichhölzer aus seiner Hosentasche und zündet die Kerzen am Weihnachtsbaum an.

»Willst du auch eine Kerze anzünden?«, fragt er Robin.

»Das trau ich mich nicht«, sagt Robin.

»Recht hast du«, sagt Oma.

Papa kommt wieder herein, in den Händen zwei große Glaskaraffen. In der einen Karaffe ist ein rotes Getränk und in der anderen ist auch ein rotes Getränk … Welches ist der Wein und welches der Saft?

»Darf ich einschenken, Papa?«, fragt Robin.

»Du bist ein Mann nach meinem Herzen«, sagt Papa. »Hier, in dieser Karaffe ist der Wein.«

Er gibt Robin die Karaffe. Robin darf den Wein einschenken! Den richtigen Wein! Er gießt die Gläser von Mama und Papa und Opa und Oma voll. Bis zum Rand.

Papa gießt Saft in Robins Glas. Auch bis zum Rand. Der Saft sieht genauso aus wie der Wein. Deshalb nennt Oma den Saft Kinderwein.

Opa zündet die Kerzen auf dem Tisch an. Alle setzen sich hin. Nur Suse und Schnuff nicht.

Suse liegt gemütlich auf ihrer Decke. Sie singt vor sich hin, etwas, das keiner versteht. Keiner außer Suse selbst. Nachher darf sie bei Mama trinken. Und Schnuff? Schnuff sitzt schon. Auf dem Sofa.

Schnuff will keine Suppe.

Papa greift nach seinem Glas und hebt es vorsichtig hoch.

»Prost!«, sagt er.

»Halt!«, ruft Oma. »Das große Licht muss noch ausgeschaltet werden.«

»Wird gemacht!«, sagt Robin.

Er springt auf und läuft zur Tür. Neben der Tür ist der Lichtschalter.

»Ich mach jetzt ...«, ruft Robin, »das Diang-deng aus!«

Er drückt auf den Schalter.

Und dann ... ist es märchenhaft schön im Zimmer. Nur die brennenden Kerzen verbreiten Licht. Ihre Flämmchen sind überall. Nicht nur auf den Kerzen, auch auf den Glöckchen am Baum, die wie kleine Spiegel sind, und auf den Kugeln und den Girlanden und auf der lila Gitarre, denn die spiegeln das Licht auch. Ebenso die Gabeln und die Messer und die Löffel und die Gläser auf dem Tisch. Überall tanzen die Flämmchen, sogar in der Suppe.

»Prost!«, sagt Papa wieder.

Schnell setzt Robin sich hin und greift nach seinem Glas. Alle heben jetzt ihre Gläser.

»Halt!«, ruft Oma. »Erst einmal trinken wir ein bisschen ab. Die Gläser sind so voll, dass wir kleckern, wenn wir jetzt anstoßen.«

Sie trinken ein bisschen ab. Und noch ein bisschen. Dann sind die Gläser nicht mehr so voll.

»Prost!«, sagt Oma.

Sie heben die Gläser wieder und stoßen vorsichtig miteinander an.

»Prost!«, sagen alle. »Prost. Prost …«

Die Gläser klingen wie Glöckchen.

Nur Robins Glas klingt nicht.

»Du musst dein Glas am Stiel anfassen«, sagt Mama, »dann klingt es auch schön.«

Das macht Robin. Er fasst sein Glas am Stiel an und stößt damit vorsichtig an die Gläser von Mama und Papa und Oma und Opa. Jetzt klingt auch sein Glas wie ein Glöckchen.

»Prost. Prost. Prost. Prost.« Sie stoßen an und trinken.

Anschließend gibt es Suppe.

Als die Suppe aufgegessen ist, sagt Oma: »Jetzt würde ich gern ein Lied hören.«

Papa holt seine Gitarre. Er lässt den Daumen über die Saiten gleiten, dann fängt er an zu singen. Er singt ein Lied über ein Fußballspiel zwischen Ajax und Blau-Weiß. Eine Frau sieht sich das Spiel an und kapiert überhaupt nichts. Sie redet lauter dummes Zeug. Davon handelt das Lied. Robin findet es total lustig.

Danach spielt Mama Klavier. Robin kennt das Stück. Mama spielt es oft abends, wenn er im Bett liegt. Es ist schön, im Bett zu liegen und Mamas Klavierspiel zu lauschen. Etwas Schöneres gibt es fast nicht. Nur ganz lange aufbleiben ist noch schöner, bis tief in die Nacht im Wohnzimmer sitzen und dabei sein, wenn Mama Klavier spielt.

»Jetzt du, Vater«, sagt Papa.

Opa steht auf und geht zum Sofa. Er macht seine Krawatte ab. Dann nimmt er Schnuffs Fliege und legt sie um seinen eigenen Hals. Opa strafft den Rücken und fängt an zu singen:

»Ein alter grauer Lebemann …«

Robin erschrickt. Das Lied handelt von Gott! Doch da singt Opa schon weiter …

»… der saß am Herd und dachte

an all die dummen Streiche, die
als junger Spund er machte.«

Robin begreift nicht so recht, worum es in dem Lied geht. Weil darin Wörter vorkommen, die er nicht kennt. Aber eines begreift er: Es geht nicht um
Gott. Opa selbst ist der alte graue Lebemann. Ein alter grauer Lebemann, der
schön singen kann:

»Er hat so vieles falsch gemacht
und manchen Wink des Glücks verlacht.«

Als das Lied zu Ende ist, legt Opa die Fliege wieder um Schnuffs Hals und
bindet sich seine eigene Krawatte um.

»Jetzt du, Robin«, sagt Oma.

»Ja, Robin«, sagt Mama. »Willst du uns die Geschichte vom Jesuskind erzählen? So wie Alexander in der Vorschule?«

Robin schüttelt den Kopf. Er will nicht. Er traut sich nicht. Bestimmt kann
er es nicht so gut wie Alexander. Er hat Angst, dass er etwas vergisst. Aber
irgendetwas muss er machen. Alle waren schon dran. Nur er noch nicht. Er
und Oma …

»Ich weiß einen Witz«, sagt er. »Den hab ich mir selber ausgedacht.«

»Dann mal los!«, sagt Papa.

Und Robin erzählt: »Klein-Jan sitzt in der Kirche«, sagt er. »Und in der Kirche ist ein Pfarrer, der sagt immer zu den Leuten: ›Puder in meinem Hütchen.‹ Dabei hat er gar kein Hütchen!«

Mama und Papa und Oma sind einen Augenblick still. Aber Opa nicht. Opa
lacht schallend. Die Tränen kullern ihm über die Wangen.

»Das ist der beste Witz, den ich in meinem ganzen Leben gehört habe!«,
ruft er.

Jetzt lachen Mama und Papa und Oma mit. Und Robin auch. Sie lachen, bis
sie nicht mehr können.

»Oma«, sagt Robin dann, »du hast noch nichts gemacht.«

»Ach je«, sagt Oma, »ich hatte gehofft, dass du mich vergisst. Mir fällt nichts
ein … Weißt du was? Ich denke noch ein Weilchen nach.«

Das geht in Ordnung.

Papa trägt die Suppenteller in die Küche. Die Damen folgen ihm. Robin und
Opa bleiben am Tisch sitzen.

»Mann, das war ein supertoller Witz«, sagt Opa.

»Du hast ihn kapiert, was?«, sagt Robin.

»Und ob!«, sagt Opa. »Ich hätte mich fast kaputtgelacht.«

Die anderen kommen wieder ins Wohnzimmer. Papa bringt neuen Wein mit. Die Damen tragen große Schüsseln und Platten. Das Essen ist heiß und dampft. Alles wird auf den Tisch gestellt.

Papa schaltet das Radio an. Geigenmusik erklingt.

»Guten Appetit! Greift zu!«, sagt Oma.

Und sie greifen zu. Sie essen, bis die Schüsseln und die Platten und die Teller leer sind, bis kein Fitzelchen, kein Blättchen, kein Krümelchen mehr übrig ist. Dann räumen sie gemeinsam den Tisch ab. Jeder trägt etwas in die Küche. Robin trägt die leeren Karaffen. Er hat den ganzen Saft getrunken. In seinem Bauch gluckert es. Sie stellen das Geschirr neben die Spüle.

»Abgewaschen wird morgen«, sagt Mama. Sie nimmt die Kaffeekanne. Oma nimmt das Tablett mit den Kaffeetassen und dem Zucker. Papa nimmt zwei Flaschen und Opa vier Gläschen. Was kann Robin nehmen?

»Guck mal auf den Tisch in der Speisekammer«, sagt Oma.

Robin öffnet die Tür zur Speisekammer. Auf dem Tisch steht ein Teller. Und auf dem Teller liegt eine weiße Schale. Umgedreht. Die Schale hat die Form eines Kaninchens. Robin weiß sofort, was es ist.

»Pudding!«, ruft er.

In seinem Bauch gluckert es nicht mehr. Er hat mächtig Appetit auf Puddingkaninchen! Neben dem Kaninchen steht ein Glas rote Marmelade.

»Das kannst du nehmen«, sagt Oma.

Das macht Robin. Im Gänsemarsch gehen sie aus der Küche, durch die Diele, ins Wohnzimmer. Jeder trägt etwas. Es sieht aus wie ein Umzug. Robin geht als Letzter. Ganz vorsichtig. Mit seinem Puddingkaninchen und seiner Marmelade.

Das Radio spielt immer noch Geigenmusik. Jetzt aber singt eine Frau dazu. Oma schenkt Kaffee ein. Papa stellt die Gläschen auf den Tisch und Opa schenkt sie voll. Schnäpschen für die Herren und Mandellikör für die Damen.

Mama hebt Suse von ihrer Decke hoch. Sie knöpft ihr schönes Kleid ein Stück auf und lässt Suse an der Brust trinken. Suse schlürft und quiekt und grunzt. Das macht sie immer. Eigentlich gehört sich das nicht am Tisch, schon gar nicht an Weihnachten. Das Schlürfen und Quieken und Grunzen ist nicht manierlich, trotzdem stört es keinen. Schließlich ist Suse noch so klein.

»Moment«, sagt Robin auf einmal.

Er nimmt Mamas Gläschen.

»Prost, Suse!«, sagt er und tippt mit dem Gläschen an Mamas nackte Brust. »Prost, Suse!«

Suse gibt keine Antwort. Doch, sie schlürft und quiekt und grunzt. Aber sie sagt nichts. Das kann sie noch nicht.

Robin stellt das Gläschen wieder auf den Tisch und geht zum Sofa. Er holt Schnuff und setzt sich mit ihm neben Mama. Robin nimmt einen Löffel und klopft damit auf das umgekehrte Kaninchen auf dem Teller. Und er klopft noch einmal. Dann hebt er das Kaninchen hoch. Und siehe da: Auf dem Teller liegt noch ein Kaninchen. Ein wunderschönes gelbes Puddingkaninchen! Es bibbert ein bisschen. Gerade so, als würde es frieren.

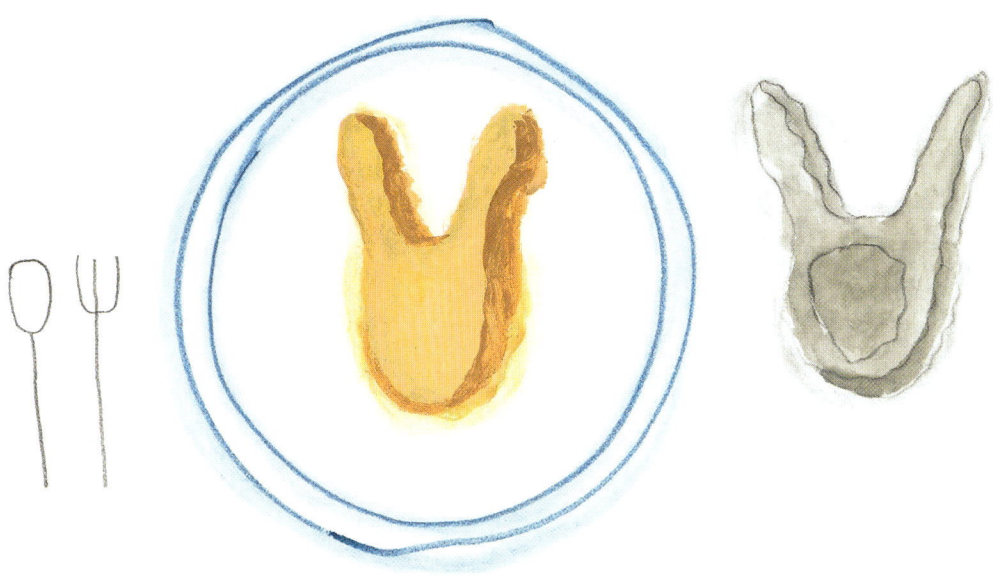

Robin streicht Marmelade auf das Kaninchen, dann isst er es auf. Zusammen mit Schnuff. Schnuff ist ganz wild auf Puddingkaninchen.

»Robin, willst du uns nicht doch die Geschichte vom Jesuskind erzählen?«, fragt Mama.

»Nein«, sagt Robin, den Mund voller Pudding und Marmelade. »Oma hat noch nichts gemacht …«

»Alsdann«, sagt Oma. »Ich kann nicht schön singen und nicht Klavier spielen, ich weiß auch keine guten Witze, aber ich hab mir was ausgedacht … Wie wäre es, wenn wir alle zusammen ein Theaterstück aufführen? Wenn wir die Geschichte vom Jesuskind spielen?«

»Pffft …«, macht Papa.

Er steht auf und geht zum Weihnachtsbaum. Die Kerzen sind weit heruntergebrannt. Sie gehen bald aus. Papa holt neue. Er drückt sie auf die alten Stümpfe und zündet sie an.

»Na gut«, sagt er. »Spielen wir also Theater. Und wisst ihr, wer ich bin? Ich bin Gott. Ich sorge für das Licht …«

»Sei nicht kindisch!«, sagt Opa zu Papa. »Es ist doch eine hübsche Idee von Oma … Wer willst du sein, Robin?«

Darüber muss Robin eine Weile nachdenken. Dann weiß er es.

»Du sollst der Esel sein, Opa«, sagt er. »Und dann reite ich auf deinem Rücken.«

»I-a!«, sagt Opa.

Opa lässt sich auf alle viere nieder.

»Prima«, sagt Oma. »Opa ist der Esel und Robin ist Maria.«

»Nein!«, ruft Robin. »Ich will nicht Maria sein! Ich bin doch keine Frau!«

»Tja nun«, sagt Oma. »Maria saß doch auf dem Esel, oder? Ich glaube nicht, dass da jemand anderes draufsaß.«

»I-a«, sagt Opa. »Steig auf meinen Rücken, Mari-a, dann geht es zum Stall von Betlehem.«

»Ich kann aber nicht Maria sein!«, ruft Robin. »Ich hab doch kein Baby im Bauch!«

Er überlegt kurz. Dann sagt er: »Ich will Jesus sein. Aber nicht als Baby. Jesus soll schon fast fünf sein.«

»Na, du machst es aber kompliziert, Robin«, sagt Oma. »Die Geschichte handelt davon, wie Jesus geboren wurde. Und bei seiner Geburt war er ja nicht fast fünf Jahre alt.«

»Ich finde, Suse sollte Jesus sein«, sagt Mama.

»Suse ist ein Mädchen!«, ruft Robin. »Und Jesus war kein Mädchen! Vielleicht kann Papa das Jesuskind sein … oder Opa.«

»I-a!«, sagt Opa.

Er kniet immer noch auf allen vieren.

»Dann spielst du Josef, Opa«, sagt Robin. »Weil du gut zimmern kannst. Josef war ein Zimmermann.«

Opa richtet sich auf.

»Gut«, sagt Oma, »dann bin ich der Esel. Das ist eine Rolle, die zu mir passt.« Jetzt kniet Oma sich auf den Fußboden.

»Und ich bin Josef«, sagt Opa.

»Und Mama ist Maria«, sagt Robin.

»Unmöglich«, sagt Mama, »ich bin viel zu schwer für Oma! Wenn ich mich auf Omas Rücken setze, bricht der ganze Esel zusammen …«

Das stimmt. Was nun? Auf einmal hat Robin eine Idee.

»Schnuff ist Maria!«, ruft er. »Schnuff hat nämlich auch einen ganz dicken Bauch …«

Er setzt Schnuff auf Omas Rücken.

»Geht das, Oma?«

»I-a, pri-ma«, sagt der Oma-Esel.

»Suse ist dann doch Jesus«, sagt Robin.

»Und ich?«, fragt Papa. »Bin ich nun Gott oder bin ich nicht Gott?«

»Kindisch bist du!«, sagt Opa. »Und wie!«

»Spiel du den Mann von der Herberge, Papa«, sagt Robin. »Dann ist Mama … der Mann, der sagt, dass Josef und Maria verreisen müssen. Weil der König es so will.«

So, jetzt haben sie's!

»Aber Robin, wer bist dann du?«, fragt Oma.

»Ich«, sagt Robin, »ich bin der Hirte, der den hellen Stern sah.«

»Sehr schön«, sagt Opa.

Das Stück kann beginnen.

Josef und Maria sitzen auf dem Sofa. Opa ist Josef und Schnuff ist Maria. Neben dem Sofa steht ein Esel. Das ist Oma.

»I-a!«, sagt der Esel. »I-a! Da kommt ein Mann.«

Mama ist der Mann. Sie geht zum Sofa und sagt mit tiefer Männerstimme: »Im Auftrag des hohen Kaisers Augustus sage ich euch Folgendes: Alle Menschen in diesem Land sollen gezählt werden. Dazu müssen sie dorthin reisen, wo sie geboren wurden. Dort werden sie gezählt. Also geht, Josef und Maria!«

»Moment mal«, sagt Josef. »So einfach ist das nicht. Guck dir meine Frau an. Die hat ein Baby im Bauch und kann jetzt nicht verreisen. Das ist viel zu anstrengend. Nicht wahr, Maria?«

Opa nimmt Schnuffs Kopf und wendet ihn dem Mann zu. Dann spricht er mit hoher Stimme. Mit Marias Stimme.

»Ja, genau, ey«, sagt Maria. »Guck dir meinen dicken Bauch an.«

Maria zeigt dem Mann ihren dicken Bauch.

Robin kippt vor Lachen fast vom Stuhl. Er ist der Hirte. Er kommt erst später dran. Bis dahin kann er in Ruhe zuschauen.

»Ich kann es nicht ändern«, sagt der Mann. »Der hohe Kaiser Augustus hat es so befohlen. Also los, macht euch auf den Weg.«

»Tja, dann müssen wir wohl«, sagt Josef.

»Tja, dann müssen wir wohl, ey«, sagt Maria.

»Zum Glück haben wir einen Esel«, sagt Josef.

»I-a!«, sagt der Esel.

»Der Esel kann die Koffer tragen«, sagt Josef. »Und du passt auch noch drauf, Maria!«

Josef nimmt zwei Kissen vom Sofa und legt sie dem Esel auf den Rücken. Das sind die Koffer. Er setzt Maria oben auf die Koffer.

»Hottehü, ey«, sagt Maria. »Einmal Betlehem und zurück.«

»I-a!«, sagt der Esel. »Halt dich fest!«

Der Esel krabbelt eine Runde durchs Zimmer. Josef hält Maria gut fest. Maria hat eine hübsche Fliege um den Hals.

»I-a«, sagt der Esel. »Haltestelle Betlehem.«

»Schau dir das an, Maria«, sagt Josef. »An allen Hotels hängen Schilder, auf denen BELEGT steht. Nirgends ist mehr Platz für uns!«

»Ich bin müde, ey«, sagt Maria. »Und das Baby in meinem Bauch zappelt rum wie verrückt. Ich kann mir auch ein Schild an den Bauch hängen, auf dem BELEGT steht, ey.«

»Moment!«, sagt Josef. »Ich sehe eine kleine Herberge. An der hängt kein Schild und es steht ein Mann davor. Hü, Esel!«

Der Esel krabbelt zum Weihnachtsbaum. Dort steht der Mann. Papa ist der Mann von der Herberge.

»Hallo«, sagt Josef zu dem Mann.

»Hallo«, sagt der Mann.

»Schönes Wetter heute, ey«, sagt Maria.

»Dicker Bauch heute, ey«, sagt der Mann.

»Ja«, sagt Josef. »Wir suchen einen Schlafplatz für die Nacht. Meine Frau ist schwanger und braucht Ruhe.«

»Meine Herberge ist voll«, sagt der Mann.

»Du hast doch sicherlich noch ein Bett für meine Frau«, sagt Josef. »Ich selber kann auf dem Boden schlafen.«

»Proppenvoll«, sagt der Mann.

»Sei nicht kindisch, ey«, sagt Maria.

»Pickepackevoll«, sagt der Mann.

»Hast du vielleicht einen Stall?«, fragt Josef. »Mit etwas Stroh? Und einer Krippe? Dann können wir dort schlafen …«

»Nein«, sagt der Mann.

»Doch!«, ruft Robin. »Du hast wohl einen Stall!«

»Ach so, ja«, sagt der Mann von der Herberge, »einen Stall hab ich. Aber dort könnt ihr nicht schlafen, denn dort wohnt mein Ochse«

»Vor Ochsen haben wir keine Angst«, sagt Josef. »Dann mal los, wir gehen zum Stall.«

Josef gibt dem Esel einen festen Klaps auf den Po.

»Au!«, ruft der Esel. »Was fällt dir ein!?«

»Entschuldigung«, sagt Josef.

Der Esel guckt ein bisschen wütend. Trotzdem trägt er Maria und die Koffer zum Sofa.

»Gemütlicher Stall, ey«, sagt Maria.

»Mama«, flüstert Robin, »wir haben keinen Ochsen!«

Schnell kniet Mama sich neben das Sofa.

»Mu-hu«, macht der Ochse. »Willkommen in meinem Stall.«

»Siehst du, Maria«, sagt Josef, »das ist ein ganz lieber Ochse.«

»Mein Bauch tut auf einmal so weh, ey«, sagt Maria. »Das Baby will raus …«

»Leg dich schon mal ins Stroh«, sagt Josef.

Er legt Maria aufs Sofa. Der Ochse beugt sich über Maria und leckt ihr die Nase.

»Mu-hu!«, macht der Ochse. »Alles wird gut, Maria.«

Papa holt Suse von ihrer Decke. Suse ist Jesus. Jetzt muss Jesus geboren werden. Im Stroh. Papa bettet Jesus vorsichtig neben Maria. Der Ochse leckt auch dem kleinen Jesus die Nase.

»Mu-hu«, macht der Ochse. »Siehst du: Da ist das Kind schon! Ist das niedlich! Wie soll es heißen?«

»Das weiß ich nicht, ey«, sagt Maria. »Wie wär's mit … Onkel Klaas?«

»Nein, nicht!«, ruft Robin.

Er will das nicht. Das Theaterstück ist so schön. Opa soll jetzt keinen Blödsinn machen.

»Nein«, sagt Josef. »Wir nennen unser Kind … Jesus.«

»Mu-rra für Jesus!«, brüllt der Ochse.

»I-a für Jesus!«, wiehert der Esel.

Plötzlich kreischt Jesus laut los.

»Du liebe Güte«, sagt der Ochse mit einer Stimme, die sehr nach Mama Stimme klingt, »es ist ja längst Schlafenszeit für das Kleine.«

»Moment«, sagt Josef.

Er holt Suses Decke.

»Das ist die Futterkrippe vom Ochsen«, sagt er, »darin kann unser kleiner Jesus schlafen.«

Er legt Jesus in die Krippe auf dem Sofa. Dann gibt er ihm eine Rassel und singt leise:

»Ihr Kinderlein kommet …«

Das hilft. Jesus hört auf zu kreischen.

Aber Robin erschrickt. Jetzt ist er dran! Er ist der Hirte, der den Stern sah. Jetzt muss er den Stern sehen. Er guckt um sich. Wo ist der Stern bloß? Mit einem Mal findet Robin Theaterspielen ganz schön schwierig.

Da sieht er den Weihnachtsbaum. Mit den Kerzen und ihren Flammen, mit den Glöckchen und den Kugeln und den Girlanden und der Gitarre. Alles strahlt Licht aus. Der Weihnachtsbaum ist ein einziger großer Stern! Ein riesiger leuchtender Stern!

Der Hirte steht auf und geht zum Sofa.

»Ich hab einen Stern gesehen«, sagt er. »Den allerschönsten Stern. Da wusste ich, dass das Jesuskind geboren ist.«

Der Hirte gibt Jesus einen Kuss auf die Wange.

Josef fängt wieder an zu singen: »Zu Betlehem geboren ist uns ein Kindelein …«

Josef weiß, dass der Hirte dieses Lied am schönsten findet.

Der Hirte singt mit. Und der Ochse und der Esel und der Mann von der Herberge singen auch mit. Alle singen. Nur Maria nicht. Die schläft. Weil sie müde ist.

Das Jesuskind aber singt. Allerdings ein anderes Lied. Ein Lied, das niemand verstehen kann. Niemand. Nur Suse.

Geheimnis

Robin ist nicht mehr der Hirte. Er ist wieder ganz normal Robin. Und Maria ist wieder ganz normal Schnuff. Und Josef ist wieder ganz normal Opa. Zu dritt gehen sie die Treppe hinauf. Es ist spät. Das Fest ist vorbei. Opa bringt Robin und Schnuff ins Bett.

Sie gehen in Robins Zimmer. Der Vorhang ist noch zu. Im Winter ist es dunkel, wenn man morgens aufsteht. Da vergisst man leicht, den Vorhang aufzuziehen. Das ist praktisch, denn so braucht man ihn abends nicht zuzuziehen.

Jetzt aber will Robin aus dem Fenster schauen. Und den Schneemann sehen. Er zieht den Vorhang auf und schaut in den Garten. Da steht der Schneemann. Mit Omas kleinem Hut und Papas Schal.

Alles ist gut zu sehen. Der Schneemann steht kerzengerade im Licht von Mond und Sternen. Das Licht lässt ihn bläulich schimmern. Er lacht immer noch und …

Mond? Sterne? Die Wolken sind verschwunden … Die Sterne sind wieder da!

»Opa!«, sagt Robin. »Guck dir die Sterne an!«

Opa tritt ans Fenster.

»Ach, das sehe ich immer wieder gern«, sagt er, »die Sterne in einer Winternacht … Jetzt kommt der große Frost.«

Opa holt Mamas Vorlesestuhl und setzt sich ans Fenster. Robin sucht mit den Augen den Himmel ab. Wo ist der Stern? Der große Stern? Der helle Stern? Der Stern, wo Gott wohnt? Robin späht und späht. Dann sieht er ihn!

Hoch über dem Obstgarten von Pieters Vater, hoch am Himmel. Da steht er. Und er strahlt noch heller als beim letzten Mal.

»Opa …«, sagt Robin.

Er setzt sich auf Opas Schoß.

»Was ist denn, mein Junge?«

Robin möchte von dem Stern erzählen.

»Opa …«, sagt er.

Aber er traut sich nicht, es zu erzählen. Er möchte schon, aber er traut sich nicht. Und plötzlich sagt er etwas ganz anderes!

»Wenn der große Frost kommt, geht dann aller Schnee weg?«

»Im Gegenteil«, sagt Opa. »Der Schnee wird aber sehr hart. Schneebälle werfen kann man dann nicht mehr.«

»Und der Schneemann?«

»Der gefriert und bleibt genauso stehen wie jetzt.«

»Dauert der Frost lange?«

»Das weiß man nie«, sagt Opa. »Gut möglich, dass er lange dauert.«

»Dann steht der Schneemann vielleicht noch, wenn du wieder fort bist«, sagt Robin.

»Ja«, sagt Opa, »aber ich glaube, dass Oma ihren Hut mitnehmen will.«

»Ja«, sagt Robin, »das glaube ich auch.«

Sie sagen nichts mehr. Sie betrachten den Schneemann und den Mond und die Sterne in der großen weiten Nacht.

Dann fragt Opa: »Kannst du ein Geheimnis bewahren?«

Robin nickt. Ein Geheimnis bewahren, das klingt schön. Ein Geheimnis bewahren möchte Robin gern.

»Früher«, sagt Opa, »vor sehr langer Zeit …«

»Als du Matrose warst?«, fragt Robin.

»Nein, später«, sagt Opa. »Als ich Vater geworden war. Als dein Papa ein kleiner Junge war … damals …«

Robin mag es, wenn Opa von früher erzählt. Er legt sein Ohr an Opas Brust und horcht, wie die Stimme durch die Rippen herausbrummt. Er streichelt über den kleinen blauen Anker auf Opas Arm.

»Als dein Papa ein Junge war«, erzählt Opa, »ungefähr so alt wie du jetzt bist, da brachte ich ihn natürlich auch immer ins Bett. Oft standen wir dann noch ein Weilchen am Fenster und schauten hinaus. Zu den Lichtern auf dem Platz vor dem Haus und in den großen Nachthimmel. Wir schauten zu den Wolken, und wenn keine Wolken da waren, zum Mond und zu den Sternen …«

»So wie wir«, sagt Robin.

»Genau so«, sagt Opa. »Und eines Abends deutete dein Papa auf einen gro-

ßen hellen Stern. Es war Winter. So wie jetzt. Die ganze Stadt war weiß. Und dein Papa deutete auf den Stern. Welcher es genau war, weiß ich heute natürlich nicht mehr. Jedenfalls war er größer und heller als die anderen Sterne …«

Robin hält die Luft an. Er weiß ganz genau, welcher Stern es war. Er weiß es!

»Wir standen also am Fenster«, sagt Opa, »und dein Papa deutete auf den großen hellen Stern und er sagte: ›Dort wohnt Gott …‹.«

Opa schweigt einen Moment. Robin auch. Aber nur einen Moment. Dann rutscht er von Opas Schoß und nimmt Opas Hand.

»Steh mal auf«, sagt er.

Opa macht es. Sie stellen sich zusammen ans Fenster. Robin und Opa. Sie schauen zum Nachthimmel über den Bäumen. Der Stern strahlt hoch über dem weißen Garten. Robin deutet auf den Stern und sagt: »Guck mal, Opa, der war es.«

»Meinst du?«, fragt Opa.

Robin nickt. Er ist sich ganz sicher.

Opa sieht noch einmal ganz genau hin. Dann sagt er: »Jetzt wo du es sagst … Ich glaube, du hast recht.«

»Ich bin mir ganz sicher«, sagt Robin.

»Dann ist es so«, sagt Opa.

Unten im Wohnzimmer fängt Mama an, Klavier zu spielen.

»Hoffentlich dauert der Frost ganz lange«, sagt Robin.

»Wegen des Schneemanns?«, fragt Opa.

»Ja«, sagt Robin. »Aber auch wegen dir, Opa.«

Opa sieht Robin an. Er hat nicht verstanden.

»Guck doch, da drüben am Zaun«, sagt Robin.

Opa guckt. Jetzt sieht er es auch: den Robin-Stempel und den Opa-Stempel im tiefen Schnee.

»Wenn der Frost lange dauert, bist du die ganze Zeit bei mir«, sagt Robin, »da im Schnee.«

Opa nickt.

»Wenn du wieder in der großen Stadt bist«, sagt Robin, »kann ich dich trotzdem noch anschauen.«

Opa nickt wieder.

»Aber ich bleibe schon noch ein Weilchen hier«, sagt er. »Bis Neujahr und danach noch ein paar Tage.«

»Hoffentlich dauert der Frost für immer«, sagt Robin.

»Das hoffe ich auch«, sagt Opa. »Aber jetzt … jetzt musst du ins Bett.«

»Noch ein kleines bisschen schauen«, sagt Robin.

Und das machen sie. Sie schauen zu dem Schneemann und zu den kahlen Bäumen, zu dem Stempel-Robin und seinem Stempel-Opa im Schnee, zum Mond und zu den Sternen am hohen Nachthimmel und zu dem einen großen, hellen Stern, der mit seinem prachtvollen Licht alles andere überstrahlt.

Robin ist verliebt

Meiner Frau Margje gewidmet

Komödiant

Robin wacht auf. Draußen ist es schon hell. Die Vögel singen, als würden sie gekitzelt. Heute ist etwas Feines. Was war es gleich wieder? Gestern wusste Robin es noch. Es ist etwas ganz besonders Feines …. Ach ja: Er hat ins Bett gepinkelt!

»Pass auf, Schnuff«, sagt Robin. »Pass jetzt gut auf.«

Schnuff schläft immer bei Robin im Bett. Er kann ungeheuer gut schlafen. Wenn Schnuff sich in ein Bett legt, schläft das Bett selbst auch ein.

Robin schüttelt Schnuff gründlich durch.

»Aufpassen sollst du, Schnuff! Mach die Augen und die Ohren auf!«

Robin zwickt sich, so fest er nur kann, in seinen eigenen Arm.

Es tut weh. Es tut so weh, dass er fast weinen muss. Das ist gut.

»Mama!«, ruft Robin mit weinerlicher Stimme. »Mama!«

Es bleibt still im Haus. Bestimmt hat er nicht laut genug gerufen.

»Mama!«, ruft Robin etwas lauter. »Mama, komm mal!«

Auf dem Flur sind Schritte zu hören, barfüßige Schritte. Robins Tür geht auf und da steht Papa. Mit verschlafenen Augen und Strubbelhaaren.

»Es ist noch ganz früh, Mann«, sagt Papa und gähnt. »Schlaf noch eine Weile.«

»Aber …«, sagt Robin, »aber …« Er zieht mit einem Schluchzer die Nase hoch, so als würde er wirklich weinen. »Aber … ich hab ins Bett gepinkelt.«

»Ach du liebe Zeit«, sagt Papa. »Wie ist das denn passiert?«

»Weiß ich doch nicht«, sagt Robin leise.

»Na, dann steh mal auf.«

Papa greift nach der Bettdecke und zieht sie weg. Da liegt Robin. In seinem Schlafanzug. In seinem trockenen Schlafanzug.

»April, April!«, ruft er laut.

Einen Moment lang ist Papa sprachlos. Er starrt Robin mit offenem Mund an. Dann bekommt er ein lustiges Funkeln in den Augen und ein Lächeln spielt um seinen Mund.

»Du kleiner Frechdachs!«, ruft er. »Was fällt dir ein, deinen Vater zum Narren zu halten!«

»Du hast es echt geglaubt, was?«, fragt Robin.

»Und ob!«, sagt Papa. »Kleiner Komödiant, du!«

»Das war gut, was?«

»Der beste Aprilscherz aller Zeiten«, sagt Papa. »Supertoll war der. Aber deinen alten Vater zum Narren halten, dafür gibt es eine grausame Strafe.«

»Nicht!«, sagt Robin

Er beginnt, am ganzen Leib zu zittern. Ganz von selbst. Er weiß, was Papa gleich macht, denn Papa macht es oft, und Robin will, dass Papa es macht, aber er will auch, dass Papa es nicht macht.

Trotzdem macht Papa es. Er beugt sich über Robin. Er streckt die Hände aus und zappelt mit den Fingern. Dann sagt er »kille-kille-kille« und lässt seine Hände langsam herabsinken, mit all den Zappelfingern. Sie kommen direkt auf Robins Bauch zu.

»Kille-kille-kille …«

Robin kann nicht mehr still liegen, er wälzt sich auf dem Bett hin und her, am liebsten würde er sich umdrehen und seinen Bauch unter dem Rücken verstecken und den Kopf tief ins Kissen drücken. Dann könnte er Papa nicht mehr hören, dann könnte er Papas Hände nicht mehr sehen. Aber zugleich will er weiter hinsehen. Es ist so spaßig. Es ist so gruselig. Es ist gruselig und spaßig. Beides gleichzeitig.

Papas Hände kommen immer näher. Alle zwei.

»Kille-kille-kille …«

»Nicht, Papa!«, ruft Robin.

»Ich fass dich nicht an«, sagt Papa, »ich fass dich nicht an. Das weißt du doch, Robin. Ich tu dir nichts. Ich kitzle dich ganz bestimmt nicht.«

Das sagt er ganz ruhig, ganz normal. Aber seine Hände kommen noch näher.

»Kille-kille-kille …«

Jetzt sind die Hände beinahe an Robins Bauch.

»Kille-kille-kille …«

Es ist einfach zu gruselig. Robin prustet los. Er windet sich nach allen Seiten. Dann wirft er sich auf den Bauch und rutscht über das Bett weg.

»Was hast du denn?«, fragt Papa. »Ich kitzle doch gar nicht.«

Dann lacht er. Und Robin lacht mit. Sie lachen, bis das Dach fast vom Haus fliegt. Mitsamt dem Schornstein.

»Was ist denn hier los? So ein Radau! Es ist gerade mal sechs Uhr!«

Mama steht in der Tür. Sie hat Suse auf dem Arm. Suse ist hellwach und sieht fröhlich aus. Sie gibt kleine Geräusche von sich.

»Ihr habt Suse geweckt«, sagt Mama. »Und mich auch.«

»Robin hat mich in den April geschickt«, sagt Papa und erzählt die ganze Geschichte von dem supertollen Aprilscherz. Als er mit Erzählen fertig ist, sagt er: »Gut, was?«

»Sehr gut sogar«, sagt Mama. »Aber den Scherz hättest du besser morgen gemacht, Robin.«

»Warum?«, fragt Robin.

»Weil morgen der erste April ist. Heute noch nicht. Erst morgen ist es so weit, dann darf man die Leute in den April schicken.«

Kann das sein?

Mama betrachtet die verdutzten Gesichter von Robin und Papa und Schnuff. Dann lacht sie los.

»April, April!«, ruft sie.

Säge

»Suse darf zu mir ins Bett«, sagt Robin. »Dann könnt ihr noch eine Weile schlafen. Schnuff hat nichts dagegen.«

»Nett von euch«, sagt Mama, »so machen wir es.«

»Ich erzähl Suse den Witz von dem Mercedes«, sagt Robin.

»Wie geht der gleich wieder?«, fragt Papa.

»Ich sag zu ihr ›Suse, kennst du den Witz mit dem Mercedes?‹, und den kennt sie natürlich nicht, weil sie noch ein Baby ist, und dann sag ich ›Benz!‹ und hau ihr auf den Kopf.«

»Das scheint mir keine gute Idee«, sagt Mama, »mach lieber was anderes.«

»Dann pikse ich sie sachte in den Bauch, wenn ich Benz sage.«

»Das ist besser«, sagt Mama.

»Warte nur, bis Suse so alt ist wie du«, sagt Papa zu Robin »dann zahlt sie dir's heim, dann pikst sie dich in den Bauch.«

»Das geht nicht«, sagt Robin, »weil ich immer größer und stärker und älter bin als Suse. Ich kann sie immer in den Bauch piksen, bis sie tausend Jahre alt ist, weil ich dann nämlich schon älter als tausend bin.«

»Aber vorsichtig bitte«, sagt Mama.

Das verspricht Robin. Mama und Papa gehen in ihr Schlafzimmer und Robin erzählt Suse den Witz von dem Mercedes.

»Suse, kennst du den Witz von dem Mercedes?«

»Kri-kri«, sagt Suse. Das bedeutet Nein, da ist sich Robin sicher.

»Benz!«, sagt er und pikst Suse in den Bauch.

Suse lacht nicht, Suse weint nicht. Sie guckt Robin mit ihren hellblauen strahlenden Augen an. Ob ihr der Witz gefällt, ist nicht zu sehen.

»Gefällt dir der Witz, Suse?«, fragt Robin.

»Kri-kri«, sagt Suse.

Na so was! Jetzt bedeutet kri-kri auf einmal Ja. Robin ist sich ganz sicher. Man merkt deutlich, dass Suse noch ein Baby ist, mit Wörtern kennt sie sich noch nicht aus.

Robin erzählt den Witz noch einmal und pikst Suse wieder in den Bauch. Ganz vorsichtig. Suse lacht nicht, sie sieht Robin nur zufrieden an. Robin – ihren großen Bruder.

Schnuff schläft schon wieder. Und auch er macht ein zufriedenes Gesicht. Vielleicht träumt er von dem Mercedes-Witz.

Dann eben was anderes, denkt Robin. Er möchte Suse so gern zum Lachen bringen. Er streckt die Hände aus und zappelt mit den Fingern. Dann sagt er: »Kille-kille-kille.«

Er lässt seine Hände langsam sinken, mit all den Zappelfingern. Sie bewegen sich direkt auf Suses Bauch zu.

»Kille-kille-kille …«

Suse bleibt ruhig liegen. Ihr Blick ist jetzt nicht mehr auf Robin gerichtet, sondern auf das Sonnenlicht, das durch die Gardinen scheint.

»Du musst herschauen, Suse … kille-kille-kille …«

Robin sagt es ganz ruhig, ganz normal. Seine Hände nähern sich weiter Suses Bauch.

»Ich fass dich nicht an«, sagt Robin, »ich fass dich nicht an. Das weißt du doch, Suse. Ich tu dir nichts. Ich kitzle dich ganz bestimmt nicht. Kille-kille-kille …«

»Kil-kil-kil«, sagt Suse plötzlich.

Darüber muss Robin furchtbar lachen!

»Du bist schlauer als ich«, sagt er, »du kannst mich zum Lachen bringen. Aber ich weiß noch was. Pass auf.«

Gleich kommt etwas ganz Gruseliges, etwas, das Oma immer bei Robin macht. Und jetzt macht Robin es bei Suse. Er tut, als wäre seine Hand eine Säge. Er hebt Suses Ärmchen hoch und beginnt, an ihrer Schulter zu sägen.

»Säg-säg-säg«, sagt er, »säg-säg-säg, Arm ab!«

Robin muss immer lachen, wenn Oma das bei ihm macht, aber Suse muss nicht lachen, als Robin es bei ihr macht.

»Findest du das nicht gruselig?«, fragt Robin.

»Kil-kil«, sagt Suse.

Robin weiß nicht, was das heißt. Er hebt Suses anderes Ärmchen hoch.

»Säg-säg-säg«, sagt er, »anderer Arm ab!«

Dann sägt er Suses Beine und ihren Kopf ab. Nicht in echt natürlich, er tut nur so. Weil es spaßig ist. Aber Suse muss nicht lachen. Suse schläft ein.

So was aber auch!

Robin liegt im Bett, es ist der erste April und keiner lacht über seine Scherze. Suse nicht, Schnuff nicht, Mama und Papa nicht. Sie schlafen alle. Nur Robin ist wach. Er will sich noch ein paar gute Aprilscherze ausdenken, aber daraus wird nichts. Er muss Suse immerzu ansehen. Wie sie daliegt. Neben ihm in seinem Bett. Sie ist so niedlich …

Robin denkt nicht über Scherze nach, er denkt an später, wenn sie groß sind. Suse und er. In vielen Jahren. Nicht in tausend natürlich, denn das geht gar nicht, aber wenn sie so alt sind wie Mama und Papa heute. Dann können sie ganz schnell rennen und ganz schnell Schlittschuh fahren. Und dann kann Suse auch besser lachen, weil sie dann all die Dinge weiß, die Robin jetzt schon weiß. Vielleicht wohnen sie dann in Russland oder in England. Oder in China. Oder in der großen Stadt wie Opa und Oma.

Nein, denkt Robin, nein, wir bleiben hier in unserem Haus wohnen, im Dorf, bei Mama und Papa und Schnuff. Suse und ich. Bis wir ein uralter Mann und eine uralte Frau sind.

Und wenn Suse eine uralte Frau ist, bleibt sie trotzdem meine kleine Schwester.

Pups

Robin ist doch noch ein guter Aprilscherz eingefallen. Aber Mama und Papa und Schnuff und Suse schlafen immer noch. Wen soll er nun in den April schicken? Er wartet und wartet, so lange, bis es ihn juckt und er sich überall kratzen muss.

Da hört er Schritte auf der Treppe. Es sind Papas Schritte. Sie gehen runter. Robin steht auf, ganz vorsichtig, um Suse nicht aufzuwecken. Er schleicht aus seinem Zimmer und rennt die Treppe hinab.

Papa ist auf dem Klo. Er pinkelt, dass es nur so rauscht. Robin bleibt vor der Tür stehen und horcht. Gleich kommt es, denkt er, gleich … Und tatsächlich: Papa lässt einen donnernden Pups. So, dass die Scheibe oben in der Tür zittert.

»Guten Morgen, Papa!«, ruft Robin.

»Guten Morgen, mein Schatz. Musst du auch?«

»Ich kann noch ein bisschen warten«, sagt Robin.

Er geht in die Küche und Papa kommt hinterher.

»Willst du ein Brot oder soll ich dir Brei machen?«, fragt Papa.

»Ich hab eine gute und eine schlechte Nachricht«, sagt Robin. »Welche willst du zuerst hören?«

»Erst die schlechte Nachricht«, sagt Papa. »Willst du nun Brot oder Brei?«

»Brei«, sagt Robin. »Die schlechte Nachricht ist, dass Schnuffs Ringelschwänzchen mal wieder ab ist.«

»Und die gute Nachricht?«, fragt Papa.

»Die gute Nachricht ist …«

Das Telefon läutet.

»Welcher Idiot ruft denn so früh an!«, sagt Papa.

Er eilt ins Wohnzimmer. Und Robin geht aufs Klo. Das Fenster steht offen, Papas Pups ist schon rausgeflogen. Zum blauen Himmel hinauf. Robin sieht eine ganz kleine Wolke. Das ist Papas Pups.

Robin macht sein Morgenpipi. Und dann … Das kann nicht wahr sein! Doch!

Er spürt etwas in seinem Bauch. Er drückt und schon flutscht ein prächtiger Pups heraus. Robin ist stolz wie ein Pfau. Er rennt ins Wohnzimmer.

»Papa!«, ruft er.

Aber Papa telefoniert noch. Er macht ein ernstes Gesicht und legt seinen Finger an die Lippen. Robin soll still sein.

»Bist du sicher?«, fragt Papa. Er lauscht und sagt dann: »Gut, heute ist Montag. Übermorgen, am Mittwoch, hab ich nachmittags frei. Dann komme ich. Bist du ganz sicher, dass das noch rechtzeitig ist?« Wieder lauscht er. »Okay, dann bis Mittwoch. Mach's gut. Und grüß Mutter … Ja, mach ich.«

Papa legt auf.

»Opa lässt dich grüßen«, sagt er.

»Papa«, sagt Robin. »Ich bin schon groß, was?«

»Sehr groß«, sagt Papa.

»Und ich werde immer mehr so wie du.«

»Wie meinst du das?«

»Ich pupse jetzt auch beim Pinkeln.«

»Ja«, sagt Papa, »ja, dann bist du ganz genau wie ich.«

Sie gehen in die Küche.

»Erzähl mir die gute Nachricht«, sagt Papa. »Das kann ich jetzt gebrauchen.«

Ach ja, stimmt!

»Die schlechte Nachricht ist«, sagt Robin, »dass Schnuffs Ringelschwänzchen mal wieder ab ist, und die gute Nachricht ist … dass es nicht stimmt! Ha-ha! April, April!«

»Wie lustig«, sagt Papa.

»Jetzt hab ich dich wieder in den April geschickt!«

»Das hast du«, sagt Papa.

Aber er lacht nicht. Er stellt einen Topf mit Milch auf den Herd. Und macht dabei immer noch ein ernstes Gesicht.

»Wer hat angerufen?«, fragt Mama. Sie steht, mit Suse auf dem Arm, in der Küchentür.

»Mein Vater«, sagt Papa. »Öhmchen geht es nicht gut.«

»Ach je«, sagt Mama. »Unser Öhmchen … was hat sie denn?«

»Sie ist krank. Sehr krank. Sie selber sagt, dass sie müde ist. Sie will nicht mehr aufstehen.«

Robin kennt Öhmchen nicht besonders gut, aber wer sie ist, das weiß er. Sie ist Opas Mutter und Papas Oma. Und sie wohnt in der großen Stadt. Über einem China-Restaurant.

»Wie alt ist Öhmchen?«, fragt Robin.

»Einundneunzig«, sagt Papa. »Am Mittwoch besuche ich sie.«

»Darf ich mit?«, fragt Robin.

»Ich weiß nicht recht …«, sagt Papa.

»Ich denke, Öhmchen würde sich sehr freuen«, sagt Mama.

»Das stimmt«, sagt Papa, »und ich mich eigentlich auch. Eine kleine Reise mit meinem großen Sohn, das wäre doch was.«

Das ist also geregelt.

»Bist du jetzt traurig?«, fragt Robin Papa.

»Nein«, sagt Papa, »Öhmchen ist ja schon sehr alt.«

»Dann weiß ich noch einen Aprilscherz«, sagt Robin.

Nein, wie blöd! Das ist wirklich zu blöd!

»Erzähl«, sagt Papa.

»Nein«, sagt Robin. »Ich hab aus Versehen gesagt, dass es ein Scherz ist. Und jetzt weißt du, dass ich dich in den April schicken will.«

»Egal, erzähl ruhig.«

»Suse hat ins Bett gepinkelt«, sagt Robin.

»Das macht sie immer am ersten April«, sagt Mama. »Ach je, unser Öhmchen …«

Blödhammel

Arme Frau Tineke! Alle Kinder treiben Scherze mit ihr und sie fällt auf jeden herein!

»Sie haben einen Riss in der Hose!«

»Oh nein, ein Riss in meiner schönen neuen Hose!«

»April, April!«

»In Ihren Haaren sitzt eine Spinne!«

»Igitt! Ich ekle mich vor Spinnen!«

»April, April!«

»Im Wandschrank ist ein Hund und kackt!« Frau Tineke macht die Schranktür auf.

»Wo ist der Hund? Ich seh ihn nicht.«

»April, April!«

»Gucken Sie mal, draußen schneit es!«

»Dann bauen wir einen Schneemann«, sagt die Lehrerin.

Sie geht ins Freie. Alle Kinder rennen hinter ihr her.

»April, April!«, rufen sie und lachen sich scheckig.

»Jetzt mag ich nicht mehr«, sagt Frau Tineke. »Ihr dürft mich nicht mehr zum Narren halten, denn das macht mich ganz närrisch. Wir gehen wieder rein und ich lese euch eine Geschichte vor.«

Das ist eine gute Idee.

Doch als sie wieder im Zimmer sind, nimmt Frau Tineke kein Buch zur Hand, nein, sie geht zur Wandtafel und schreibt Zahlen darauf. Erst drei Zahlen, dann zwei Punkte übereinander und noch eine Zahl.

Was soll das denn?

»April, April«, sagt die Lehrerin. »Ich lese nicht vor, sondern wir rechnen. Diese Aufgabe müsst ihr lösen: zweihundertsechsundfünfzig geteilt durch vier.«

»Hallo!«, ruft Rudi. »Wir gehen noch gar nicht in die richtige Schule, wir können nicht rechnen!«

»Ach so, stimmt«, sagt die Lehrerin, »gut, dann lese ich doch vor. Erst eine Geschichte und dann noch eine. Wie viele Geschichten lese ich dann vor?«

»Zwei!«, rufen die Kinder.

»Und dann noch eine Geschichte, wie viele …«

»Drei!«, rufen die Kinder.

»Jetzt habt ihr mich schon wieder in den April geschickt«, sagt die Lehrerin. »Ihr könnt doch rechnen!«

Alle sind sprachlos.

Frau Tineke greift nach ihrem Buch.

»Aber die Aufgabe an der Tafel ist viel zu schwer für uns«, sagt Rudi.

»Das stimmt«, sagt die Lehrerin und schlägt das Buch auf.

»Du, Robin!«, flüstert Nellie. »Robin!«

Robin guckt zu Nellie hin.

Robin ist in Nellie verliebt. Und Nellie ist in Robin verliebt. Also sind sie verlobt. Sagt Nellie.

»Du, Robin«, flüstert sie. »Weißt du, was wir machen, wenn Frau Tineke vorliest? Du guckst mir in die Augen und ich guck dir in die Augen. Ohne wegzuschauen und ohne zu lachen. Und wenn du doch lachst, musst du mir einen Kuss geben.«

»Und wenn du selber lachst?«, fragt Robin.

»Dann muss ich dir einen Kuss geben.«

Robin nickt. Das ist gut. Er guckt Nellie in die Augen und Nellie guckt zurück. Sie macht ein finsteres Gesicht.

Die Lehrerin beginnt vorzulesen.

Was soll ich machen?, denkt Robin. Er will Nellie gern einen Kuss geben, aber er will nicht verlieren. Er will gewinnen! Und wenn er gewinnt, kriegt er einen Kuss. Von Nellie. Das wäre am besten. Also macht er auch ein finsteres Gesicht, so wie Nellie.

Auf einmal fängt Nellie an zu schummeln. Das hatte Robin schon befürchtet. Nellie schielt. Das ist ungerecht! Denn Robin kann nicht schielen. Nellie umso besser. Sie schielt ganz furchtbar.

Robin kneift den Mund zu und presst die Lippen ganz fest aufeinander, weil er merkt, dass seine Mundwinkel nach oben wollen. Das darf nicht sein, denn sonst lacht er und hat verloren. Aber Nellie macht ein zu komisches Gesicht!

Robin drückt die Lippen mit den Fingern zusammen. Plötzlich merkt er, dass seine Wangen sich aufblähen. So als hätte er etwas Großes im Mund, etwas, das herauswill. Robin weiß, was es ist: ein schallendes Lachen.

Ich muss an was Trauriges denken, denkt Robin, und das macht er.

Er denkt an einen Mann, der seinen Hund mit einem Stock schlägt. Robin guckt Nellie weiterhin mit offenen Augen an, aber er sieht sie nicht mehr. Er sieht nur den Mann mit dem Stock, den Mann, der seinen Hund mit dem Stock schlägt. Im Kopf sieht er den Mann. Dabei will er ihn gar nicht sehen, diesen Mistkerl! Robin will etwas anderes sehen.

Ups, jetzt sieht er wieder Nellie. Sie reckt die Nase hoch und streckt die Zunge heraus. Schnell, schnell an etwas anderes denken! An etwas Trauriges.

Robin denkt an ein sinkendes Schiff, an ein großes Schiff, das von den Wellen überspült wird und langsam im Wasser versinkt. Und auf dem Schiff sind Kinder, die weinen und furchtbare Angst haben. Nein, das will Robin auch nicht sehen!

Ups, jetzt wackelt Nellie mit den Ohren! Schnell, schnell, etwas anderes!

Robin sieht in seinem Kopf eine Treppe. Eine steile Treppe. Er geht die Stufen hinauf und durch eine Tür in ein Zimmer. Es ist dämmrig im Zimmer. Alte braune Stühle stehen um einen alten braunen Tisch. Auf dem Tisch liegt eine alte Decke. Mit einem Mal weiß Robin. wo er ist! In Öhmchens Wohnung! In der großen Stadt! Aber wo ist Öhmchen? Robin sieht in der Küche nach, aber da ist sie nicht. Er geht aufs Schlafzimmer zu …

Plötzlich bekommt Robin Angst. Öhmchen ist krank. Das hat Papa erzählt. Sie ist krank und sie ist müde, sie will nicht mehr aufstehen.

Ganz vorsichtig öffnet Robin die Tür. Er späht ins Schlafzimmer. Und da … liegt Öhmchen. Im Bett. Mit geschlossenen Augen, sie schläft. Sie ist ganz weiß. Ihre Haare sind weiß und ihr Gesicht ist weiß. Man sieht, dass sie sehr krank ist. Und müde. Robin will das nicht sehen. Doch in dem Moment schlägt Öhmchen die Augen auf. Sie sieht Robin an der Tür stehen.

»Hallo, lieber Robin«, sagt sie. »Ich sterbe.«

»Frau Tineke!«, ruft Nellie. »Robin weint!«

»April, April«, sagt die Lehrerin und liest weiter vor.

»Er weint wirklich!«, ruft Nellie. »Sehen Sie doch!«

Frau Tineke legt das Buch beiseite und kommt zu Robin.

»Was hast du denn, Schätzchen?«, fragt sie.

»Ich versuche, nicht zu lachen«, sagt Robin.

»Das gelingt dir recht gut«, sagt die Lehrerin.

»Ich hab an Öhmchen gedacht«, sagt Robin, »Öhmchen ist sehr krank.« Noch immer laufen ihm Tränen über die Wangen. »Sie hat gesagt, dass sie stirbt.«

»Und darum weinst du?«

»Ja«, sagt Robin und zieht kräftig den Rotz hoch, »weil ich nämlich … nämlich verliebt in sie bin.«

»Ha-ha!«, schreit Nellie. »Verliebt sein in ein Öhmchen, das geht doch nicht! Du meinst mich! In mich bist du verliebt, du Blödhammel!«

Blödhammel?

»Verliebte Leute wollen sich heiraten!«, ruft Nellie. »Du kannst doch keine alte Oma heiraten! Schon gar nicht, wenn sie krank ist! Du Blödhammel!«

Mit einem Schlag ist Robin nicht mehr in Nellie verliebt.

Ganz und gar und absolut nicht mehr verliebt!

Joghurt

Nellie sitzt auf dem Rand des Sandkastens. Sie redet mit Marjan. Es ist Pause. Alle Kinder spielen, nur Nellie sitzt wieder mal auf dem Rand des Sandkastens und redet mit Marjan.

Robin geht zu Nellie hin. Er will ihr sagen, dass er nicht mehr in sie verliebt ist. Ganz und gar und absolut nicht mehr verliebt. Das muss sein!

Er stellt sich vor Nellie hin. Mit den Füßen im Sand. Jetzt muss ich es sagen, denkt er, jetzt!

»Ich«, sagt Robin, »ich …«

Nellie sieht ihn freundlich an.

»Ich, ich …«, sagt Robin.

Es geht nicht, er traut sich nicht. Dabei ist es doch ganz leicht. Er muss einfach sagen: Ich bin nicht mehr in dich verliebt. Aber das traut er sich nicht. Darum ist es schwierig.

»Ich«, sagt Robin noch einmal. »Ich …«

»Hast du den Ich-ser?«, fragt Nellie.

Da sagt Robin: »Du bist selber ein Blödhammel.«

Ui!

Nellie springt auf.

»Hast du das gehört?«, sagt sie zu Marjan. »Hast du gehört, was der Zwerg zu mir gesagt hat?«

Marjan nickt gehorsam.

»Der Zwerg«, sagt Nellie zu Marjan, »der kleine Mickerzwerg hat gesagt, dass ich ein Blödhammel bin!«

Nellie baut sich vor Robin auf und sticht ihm mit ihrem Finger in den Bauch.

»Du bist doof, Robin«, sagt sie. »Ich bin nämlich viel größer als du. Und ich bin zufällig das schönste Mädchen in unserer Gruppe. Stimmt's, Marjan?«

Marjan nickt.

»Ich bin sowieso viel zu alt für dich«, sagt Nellie zu Robin. »Nach den Sommerferien komme ich in die richtige Schule. Dann sind wir nicht mehr zusammen in der Vorschule. Und darum können wir nicht mehr verlobt sein. Ich bin außerdem schon längst nicht mehr in dich verliebt.«

So was aber auch! Genau das wollte Robin sagen.

»Ich bin auch schon längst nicht mehr in dich verliebt«, sagt er schnell.

»Passt gut«, sagt Nellie. »Du Blödhammel!«

Nellie läuft weg, den Kopf in den Nacken geworfen und die Nase hochgereckt. Als wäre sie auf der Suche nach einem neuen Verlobten. Einem ganz großen.

Robin steht im Sandkasten. Er hat kalte Füße.

Frau Tineke sitzt auf der Treppe der Vorschule und sieht vor sich hin. Die Sonne lässt ihr blondes Haar schimmern wie Gold.

Sie schaut zu Robin herüber, kneift kurz die Augen zu und lächelt ihn an. Dann deutet sie neben sich. Robin geht hin und setzt sich zu ihren Füßen.

»Bist du immer noch traurig wegen deinem Öhmchen?«, fragt sie.

»Nein, wegen Nellie«, sagt Robin.

»Nellie ist eine Quasseltasche«, sagt die Lehrerin. »Sie meint es nicht böse. Ich finde sie lustig.«

»Aber wir sind nicht mehr verlobt«, sagt Robin.

»Ach je«, sagt Frau Tineke, »mit der Liebe ist es manchmal kompliziert, Robin.«

Das hätte sie nicht sagen dürfen! Dieses eine Wort: Liebe. Robin wird ganz komisch zumute. Er fühlt sich, als wären alle seine Knochen aus Joghurt. Frau Tineke sagt es aber auch so schön: Liebe. Liebe.

Das darf nicht wahr sein! Jetzt legt sie auch noch den Arm um Robin!

Vor der Treppe ist ein Rost, ein Metallgitter mit Löchern. Darauf sitzt Robin. Nein, darauf saß Robin. Bis gerade eben. Jetzt ist es, als wäre er ganz und gar aus Joghurt und als würde er durch die Löcher im Gitter wegtropfen.

Robin bekommt einen knallroten Kopf. Er ist sich ganz sicher: Er ist in Frau Tineke verliebt!

Wie schnell das geht! Noch vor einer Stunde war er in Nellie verliebt und jetzt ist er schon in Frau Tineke verliebt. Rasend schnell geht das!

Die Lehrerin steht auf und klatscht in die Hände.

»Die Pause ist vorbei!«, ruft sie. »Alle reinkommen!«

Robin versucht aufzustehen. Das ist nicht leicht, wenn man aus Joghurt

ist. Aber er schafft es. Er steht auf. Und als er gerade ins Haus gehen will, versetzt Nellie ihm einen Stoß. Robin prallt gegen den Türrahmen.

Aber er spürt keine Schmerzen.

Er ist verliebt.

Doof

Alexander spielt bei Robin. Sie sitzen im Wohnzimmer hinter dem Kasperltheater. Das Kasperltheater stand an Robins Geburtstag auf einmal da und jetzt steht es immer noch da. Seit Tagen, seit Wochen. Der Vorhang ist zu. Wie sich das gehört, wenn keine Vorstellung ist. Robin zeigt Alexander die Handpuppen.

»Das ist der Teufel«, sagt er. »Der ist gruselig. Suse weint immer, wenn er kommt. Und das sind Kasperl und Gretel und das ist der Polizist und das ist der fiese Räuber und das ist die Prinzessin und das ist der König. Wer willst du sein?«

»Ich bin der Polizist«, sagt Alexander.

Robin gibt Alexander den Polizisten. Alexander schiebt seine Hand in die Jacke des Polizisten. Er steckt die Finger in die Ärmel und in den Kopf. Jetzt kann der Polizist sich bewegen.

»Hallo, Robin«, sagt der Polizist. »Wer bist du?«

»Ich bin die Prinzessin«, sagt Robin.

Er schiebt seine Hand in das Kleid der Prinzessin.

»Mama, Papa, Suse!«, ruft er. »Wollt ihr zuschauen?«

Mama und Papa kommen mit Suse ins Wohnzimmer. Sie setzen sich auf drei Kissen und schauen auf das Kasperltheater.

Robin zieht den Vorhang auf. Er hält die Prinzessin hoch und lässt sie hin und her gehen.

»Tra-la-la-la-la«, singt die Prinzessin mit süßer Stimme. »Was für ein schöner Tag, was für herrliches Wetter! Ich geh jetzt zum Polizist und geb ihm einen dicken Kuss. So einen dicken Kuss, dass seine Wange brennt.«

»Bravo!«, ruft Papa. »Das hast du schön gesagt, Prinzessin!«

»Ich bin nämlich in den Polizist verliebt«, sagt die Prinzessin.

»Bravo!«, ruft Papa wieder.

Es läuft gut.

»Und der Polizist ist in mich verliebt«, sagt die Prinzessin.

»Bravo!«, ruft Papa.

Da sagt Alexander: »Die sind doch gute Freunde.«

»Gar nicht wahr«, sagt Robin, »die sind richtig verliebt.«

»Sind sie nicht«, sagt Alexander. »Sie sind gute Freunde, sehr gute Freunde. Das ist das Gleiche wie verliebt.«

Robin denkt nach. Er hat die Puppen schon lange, seit Tagen, seit Wochen, er weiß ganz viel über sie. Der Polizist und die Prinzessin sind ineinander verliebt, da ist er sich ganz sicher.

»Hallo, Prinzessin!«, ruft Mama. »Wo bist du denn?«

Robin sieht die Prinzessin an. Sie sitzt auf seinem Schoß. Mama und Papa und Suse können sie nicht mehr sehen. Robin hält die Prinzessin wieder hoch.

»Ich denke nach«, sagt die Prinzessin.

Robin lässt die Prinzessin wieder sinken.

Er denkt nach. Alexander und er sind gute Freunde, sehr gute Freunde. Aber er ist nicht in Alexander verliebt. Er ist in Frau Tineke verliebt. Wenn sie das Wort »Liebe« sagt, bekommt Robin einen roten Kopf. Und wenn sie den Arm um ihn legt, hat er das Gefühl, aus Joghurt zu sein. Und in Nellie war er mal verliebt. Wenn Nellie früher, vor langer Zeit, seine Hand nahm, dann wurde Robin ganz komisch zumute. So als wäre in seinem Bauch ein Jahrmarkt. Wenn Alexander seine Hand nimmt, spürt er das nicht. Dann spürt er nur die Hand.

»Verliebtsein ist was ganz anderes«, sagt Robin zu Alexander.

»Ich finde Verliebtsein doof«, sagt Alexander.

Robin hält die Prinzessin wieder hoch.

»Mama von Robin, ist Verliebtsein doof?«, fragt die Prinzessin.

»Aber nein«, sagt Mama. »Verliebtsein ist das Schönste, was es gibt.«

Robin nickt, das hat er sich schon gedacht.

»Und küssen?«, fragt die Prinzessin.

»Das ist auch schön«, sagt Mama.

»Mama von Robin, ist Verliebtsein das Gleiche wie gute Freunde sein?«, fragt die Prinzessin.

»Nein«, sagt Mama, »das ist ganz anders.«

Na also! Na also!

»Wenn man verliebt ist«, sagt die Prinzessin, »dann will man sich heiraten.«

»Bravo!«, ruft Papa.

Suse zwitschert wie ein Vögelchen.

»Weißt du was?«, sagt Alexander. »Der Polizist und die Prinzessin geben sich einen klitzekleinen Kuss.«

Robin hält die Prinzessin hoch. »Tra-la-la-la-la«, singt die Prinzessin. »Was für herrliches Wetter, was für ein schöner Tag! Es ist wie Frühling. Ich bin so verliebt. Ich geb dem Polizist jetzt einen dicken Kuss. Einen Riesenschmatz.«

Alexander hält den Polizisten hoch.

»Willst du einen klitzekleinen Kuss?«, fragt der Polizist.

»Ist gut«, sagt die Prinzessin.

Die Prinzessin und der Polizist geben sich einen klitzekleinen Kuss. Es sieht aus, als würden sie aus Versehen zusammenstoßen.

»Mmm!«, macht die Prinzessin.

Aber der Polizist ist schon wieder verschwunden.

Alexander kommt hinter dem Kasperltheater hervor.

Papa und Mama klatschen Beifall. Die Prinzessin verbeugt sich. Dann zieht Robin den Vorhang des Kasperltheaters zu.

»Was möchtet ihr trinken?«, fragt Papa.

Robin und Alexander möchten Kakao, Mama und Papa möchten Tee und Suse möchte gern ein Schlückchen aus Mamas Brust.

Alexander steht am Fenster. Er schaut hinaus.

»Wer sind die zwei uralten Leute?«, fragt er.

Robin stellt sich neben Alexander.

»Das sind die Eltern von Pieter«, sagt er.

Er klopft an die Scheibe. Pieters Eltern hören es. Sie schauen her und winken Robin zu. Dann gehen sie weiter.

»Wie alt sind die Leute?«, fragt Alexander.

»Etwa vierzig«, sagt Mama.

»Vierzig!«, sagt Alexander. »Das ist total alt! Und dann gehen die noch Hand in Hand!«

»Vielleicht«, sagt Mama, »vielleicht …« Sie zwinkert Robin zu. »Vielleicht sind sie verliebt!«

Gut gemacht, Mama!

Müde

Robin und Papa sitzen im Bus. Sie wollen in die Stadt. Und nachher, wenn sie in der Stadt sind, steigen sie in einen anderen Bus um. Der bringt sie in die große Stadt. Dort, in der großen Stadt, wohnt Öhmchen. Über einem China-Restaurant.

Öhmchen ist krank. Sehr krank. Und müde. So müde, dass sie gar nicht mehr aufstehen will. Sie ist schon alt. Einundneunzig Jahre. Robin und Papa wollen an Öhmchens Bett sitzen und mit ihr plaudern. Das wird ihr gefallen.

Aber Robin und Papa sind noch lange nicht in der großen Stadt.

Erst einmal fahren sie durchs Dorf, an der Kirche vorbei, an der Schule vorbei, am Haus von Alexanders Eltern vorbei.

Dann geht es an Wiesen und Wassergräben entlang. Robin und Papa sehen die Enten im Wasser, die Schwäne im Gras, die Reiher am Grabenrand, das junge hellgrüne Schilf, das sich im Wind neigt, den hohen blauen Himmel. Papa singt ein Lied.

Er singt:

»Der Frühling kommt wieder,
er kommt mit dem Wind,
weht uns um die Nase
so lau und so lind.
Die Sonne scheint wieder,
wärmt Haut und Gemüt
und lockt alle Blumen,
dass die Welt wieder blüht.«

»Das ist ein schönes Lied«, sagt Robin.

»Ich hab's mir selber ausgedacht«, sagt Papa.

»Toll von dir«, sagt Robin. »Sing es noch mal.«

Und Papa singt das Lied noch einmal:

»Der Frühling kommt wieder,
er kommt mit dem Wind,

weht uns um die Nase
so lau und so lind.
Die Sonne scheint wieder,
wärmt Haut und Gemüt
und lockt alle Blumen,
dass die Welt wieder blüht.«

»Es ist ein Liebeslied«, sagt Papa.

Robin nickt. Das mit den Blumen, die die Welt wieder blühen lassen, gefällt ihm am besten.

»Ich hab mir das Lied für Mama ausgedacht«, sagt Papa.

»Findet Mama es auch schön?«, fragt Robin.

»Sehr schön sogar«, sagt Papa.

Das kann Robin gut verstehen.

»Bist du in Mama verliebt?«, fragt er.

»Immer«, sagt Papa.

»Ich auch«, sagt Robin.

»Na, dann können wir uns ja die Hand geben«, sagt Papa.

Das machen sie.

Und dann sind sie auch schon in der Stadt.

Sie sagen dem Busfahrer Auf Wiedersehen, wünschen ihm noch einen schönen Tag und steigen aus. Sie gehen zu einem anderen Bus. In dem Bus sitzt noch kein Fahrer. Aber weil die Tür offen ist, können sie gleich einsteigen. Im Bus sitzen schon ein paar Leute. Robin und Papa suchen sich einen Platz und warten.

»Wie läuft's mit Nellie?«, fragt Papa.

»Sie sagt, dass ich ein Blödhammel bin«, sagt Robin.

»Oje!«, sagt Papa.

»Jetzt bin ich nicht mehr in sie verliebt.«

»Sehr vernünftig«, sagt Papa.

»Jetzt bin ich in Frau Tineke verliebt.«

»Eine gute Wahl«, sagt Papa. »Du hast Geschmack, Robin.«

Robin nickt. Das findet er auch.

Da kommt der Busfahrer. Er setzt sich an das große Lenkrad.

»Hat jeder eine Fahrkarte?«, ruft er.

Ja, die Leute haben alle Fahrkarten. Der Bus fährt los. Erst noch durch die Stadt, dann wieder an Wiesen entlang.

»Eigentlich«, sagt Robin, »eigentlich ist Öhmchen drei alte Frauen. Sie ist die Mutter von Opa und sie ist deine Oma und sie ist meine …«

Er hat das Wort vergessen.

»Deine Urgroßmutter«, sagt Papa.

Genau!

»Sie ist Opas Mutter«, sagt Papa. »Und meine Großmutter und deine Urgroßmutter.«

»Das macht drei Frauen«, sagt Robin.

»Aber«, sagt Papa, »vor langer Zeit war sie auch noch die Tochter ihrer Eltern und die Schwester ihrer Brüder und die Frau ihres Mannes und die Schwiegertochter ihres Schwiegervaters«, sagt Papa, »und später wurde sie Omas Schwiegermutter und die Tante von ganz vielen Leuten und die Schwägerin von …«

»Hör auf!«, ruft Robin.

Ihm wird ganz schwindlig.

Mit einem Mal begreift Robin, warum Öhmchen so müde ist. Sie ist mindestens einundneunzig alte Frauen gleichzeitig. Er versteht gut, warum sie nicht mehr aufstehen will.

Norden

Die Fahrt dauert lange. Der Bus fährt durch Dörfer und Städtchen und zwischendurch immer wieder an Wiesen entlang. Dann kommen sie endlich in die große Stadt. Die ersten Häuser tauchen auf.

»Bald sind wir da«, sagt Papa. »Das hier ist die Nordstadt.«

»Ist das noch nicht die große Stadt?«, fragt Robin.

»Doch«, sagt Papa, »Die Nordstadt ist ein Teil der großen Stadt. Und zwar der Teil, der oberhalb vom Fluss liegt.«

Robin versteht nicht, wie ein Teil einer Stadt oberhalb von einem Fluss liegen kann.

»Die übrige Stadt liegt unterhalb vom Fluss«, sagt Papa.

Jetzt versteht Robin gar nichts mehr!

»Unter Wasser?«, fragt er.

»Was redest du denn da? Opa und Oma wohnen doch nicht unter Wasser!«, sagt Papa.

Nein, Opa und Oma wohnen in einem hohen Haus. Im dritten Stock. Bis zu ihrer Wohnung muss man viele Stufen hinaufgehen. Und Wasser ist dort keines.

»Schau mal«, sagt Papa.

Er holt sein Notizbuch aus der Tasche und sucht eine leere Seite. Dann nimmt er seinen Stift zur Hand.

»Ich tu jetzt mal, als wäre ich in einem Flugzeug«, sagt er. »Ganz hoch über der Stadt. Ich schaue runter und male auf, was ich sehe. Ich sehe den Fluss. So …«

Papa malt eine Wellenlinie in sein Buch.

»Das ist der Fluss«, sagt er, »und das hier …«

Er malt viele winzige Häuschen.

»Sind die aber klein!«, sagt Robin.

»Das Flugzeug fliegt sehr hoch«, sagt Papa, »darum wirkt alles unten am Boden klein. Das hier sind die Häuser der Nordstadt.«

Jetzt malt Papa viele Häuschen auf die andere Seite des Flusses. Und dazwischen ein paar Kirchen. Es sieht schön aus.

»Das ist die übrige große Stadt«, sagt Papa, »auf der anderen Seite vom Fluss. Und jetzt …«

Papa hält Robin das Notizbuch senkrecht vor die Nase.

»Kannst du sehen, dass ein Teil der Stadt oberhalb vom Fluss liegt?«

Ja, jetzt sieht Robin es. Er deutet darauf.

»Den Teil meinst du«, sagt er.

»Ganz genau«, sagt Papa. »Da sind wir jetzt, zwischen den vielen kleinen Häusern. Dieser Teil heißt Nordstadt. Ich hab eine Art Landkarte gemalt und auf einer Landkarte ist der Norden immer oben.«

Nordstadt, Norden …, denkt Robin.

»Unten auf der Karte ist der Süden«, sagt Papa. »Die Seite hier links heißt Westen und die Seite gegenüber heißt Osten. Aber das Ganze ist ein bisschen kompliziert, ich erkläre es dir ein andermal genauer.«

Papa weiß viel über die große Stadt. Womöglich weiß Papa alles über die große Stadt. Er ist hier geboren. Als kleiner Junge hat er hier gespielt. Fußball zum Beispiel, im Park und auf dem Platz vor Opas und Omas Haus. Er ist hier in die Schule gegangen. In vier Schulen sogar. Er hat hier den Lehrerberuf gelernt. Und er hat hier Mama geheiratet und sein erstes Kind bekommen. Das war Robin. Aber das ist lange her. Schon über fünf Jahre.

Mama weiß auch viel über die große Stadt. Sie hat lange hier gewohnt. Aber sie ist nicht hier geboren. Sie ist in einem kleinen Dorf weit weg geboren. Damals kannte sie Papa noch nicht. Seltsam ist das … Sie wohnten nicht beieinander. Nicht im gleichen Haus, nicht in der gleichen Straße, nicht einmal in der gleichen Stadt. Sie waren noch klein, alle beide. Mama wusste nicht, dass es Papa gab, und Papa wusste nicht, dass es Mama gab. Sehr seltsam.

Dann zog Mama in die große Stadt um und da traf sie Papa. Sie gingen in die gleiche Schule und verliebten sich ineinander. Davon hat Papa schon oft erzählt.

»Papa, was hast du gemacht, als du in Mama verliebt warst?«, fragt Robin.

»Ich hab mich auf die Treppe vor ihrem Haus gesetzt«, sagt Papa. »Mit meiner Gitarre. Und dann hab ich ein Lied für Mama gesungen.«

»Ich weiß welches«, sagt Robin.

»Genau das Lied war es«, sagt Papa. »Mein Liebeslied für Mama.«

»Und was hast du gemacht, als das Lied aus war?«

»Ich hab es noch mal gesungen.«

»Und dann?«

»Dann sind Mama und ich spazieren gegangen. Durch die Straßen der Stadt. Zum Fluss. Dort haben wir uns ins Gras gelegt und das Wasser und einander angeschaut. Ganz lange lagen wir dort. Bis es dunkel wurde. Dann sind wir durch die Straßen der Stadt zurückgegangen und ich hab Mama nach Hause gebracht. So war das. Schöne Zeiten.«

»Und dann habt ihr geheiratet«, sagt Robin.

»Genau«, sagt Papa.

»Und dann seid ihr zusammen in eine Wohnung gezogen.«

»Stimmt.«

»Und dann habt ihr ein Baby bekommen.«

»Ein wundervolles Baby«, sagt Papa. »Wir haben es Robin genannt.«

»Logisch«, sagt Robin. »Das war ja ich!«

Was für eine schöne Geschichte! Robin nickt zufrieden. Er schaut aus dem Fenster und lässt den Blick über die vielen Häuser gleiten.

Papa weiß alles über die große Stadt, Mama weiß viel darüber, Robin nichts. Als er aus der großen Stadt weggezogen ist, war er zwei Jahre alt. Damals war Suse noch gar nicht geboren.

Robin weiß nicht einmal, mit welcher Straßenbahn sie nachher fahren müssen.

Zwölf

»Papa, mit welcher Straßenbahn müssen wir nachher fahren?«, fragt Robin.

»Linie 13«, sagt Papa. »Die bringt uns zu Öhmchen. Wir kommen an der schönsten Kirche der Stadt vorbei.«

Das hört sich gut an.

»Papa, wie viele Jungs bin ich?«, fragt Robin.

»Was glaubst du wohl?«, fragt Papa.

Robin überlegt, dann sagt er: »Ich bin dein Sohn.«

Er hält seinen Daumen hoch.

»Und ich bin der Sohn von Mama.«

Er hält den Zeigefinger hoch.

»Und ich bin der große Bruder von Suse.«

Mittelfinger.

»Und ich bin das Herrchen von Schnuff.«

Ringfinger.

»Und ich bin der Enkel von Opa.«

Kleiner Finger.

»Und der Enkel von Oma.«

Anderer Daumen.

»Und der Großurenkel von Öhmchen.«

Zeigefinger.

»Es heißt Urenkel«, sagt Papa.

»Urenkel«, sagt Robin. »Und ich bin der Neffe von Tante Wil.«

Mittelfinger.

»Und von Onkel Cor.«

Ringfinger.

»Und ich bin der Nachbarjunge von Tante Betty.«

Kleiner Finger.

»Und von Onkel Klaas.«

Papa hält seinen Daumen hoch.

»Und der Verlobte von Frau Tineke.«

Papa zögert mit dem Zeigefinger.

»Bist du dir ganz sicher?«, fragt er. »Dass du Frau Tinekes Verlobter bist?«

»Ich bin doch in sie verliebt!«

»Weiß sie das schon?«

»Eigentlich nicht.«

»Dann bist du auch nicht richtig verlobt.«

Ach.

»Aber der Freund von Alexander bin ich wohl«, sagt Robin.

»Das stimmt«, sagt Papa.

Er hält seinen Zeigefinger hoch.

»Wie viele Jungs bin ich?«, fragt Robin.

»Zehn Finger von dir und zwei von mir«, sagt Papa. »Das macht zwölf.«

Robin nickt zufrieden. Zwölf Jungs, das ist nicht schlecht.

»Trotzdem bin ich nicht müde«, sagt er.

»Das passt«, sagt Papa. »Wir sind nämlich da. Jetzt müssen wir ein Stück zu Fuß gehen, bis zur Fähre. Gut, dass du nicht müde bist.«

Sie sagen dem Busfahrer auf Wiedersehen und wünschen ihm noch einen schönen Tag.

»Gleichfalls«, sagt der Fahrer.

»Danke, wird schon werden«, sagt Papa.

Sie steigen aus und gehen zur Fähre. Es ist überhaupt nicht weit. Robin kann das Wasser des Flusses schon riechen. Er hört die Wellen ans Ufer klatschen. Und drüben, auf der anderen Flussseite, sieht er den großen Bahnhof.

»Ist die Fähre teuer, Papa?«, fragt Robin.

»Es kostet nichts«, sagt Papa. »Wir dürfen umsonst mit.«

»Da kannst du froh sein«, sagt Robin. »Sonst hättest du nämlich zwölf Fahrkarten für mich kaufen müssen.«

Papa drückt Robins Hand.

»Wenn du wüsstest, wie froh ich bin!«, sagt er.

Sie gehen auf die Fähre und fahren über den Fluss, auf die andere Seite. Den Bauch an die Reling gelehnt, stehen sie da. Die Wellen schlagen an den Rumpf der Fähre. Robin hält sich gut fest. Ab und zu spürt er einen kalten Tropfen im Gesicht. Schön ist das.

Zu Hause hat Robin ein Buch, das *Christoffel und die Kolumbus* heißt. Darin kommt auch eine Fähre vor. Sie heißt »Kolumbus«. Robin kennt die Geschichte fast auswendig. Sie fängt so an:

Jeden Samstag sah man Christoffel durch die Straßen der Stadt zum Fluss laufen. Ganz egal, ob es warm oder kalt war, ob es regnete oder stürmte, ob es hagelte oder schneite – Christoffel war immer rechtzeitig zur Stelle, um zu sehen, wie die »Kolumbus« übers Wasser kam und unter viel Getöse anlegte, mit lautem Tuten und mit Kettenrasseln und mit schweren Stößen gegen die mächtigen Holzpfähle. So fängt das Buch an. Robin blickt über das Wasser. Drüben, vor dem Bahnhof, sieht er die mächtigen Holzpfähle. Da wird die Fähre gleich dranstoßen.

Öhmchen

Die Fähre hat zwischen den Pfählen angelegt. Die schwere Klappe senkt sich und die Mopedfahrer und Radler fahren an Land. Robin und Papa gehen hinterher. Sie überqueren eine Straße, gehen in den Bahnhof, durch den Bahnhof und wieder aus dem Bahnhof heraus.

Dann stehen sie auf einem großen sonnigen Platz. Überall laufen Leute, überall stehen Busse und Straßenbahnen, überall herrscht Trubel. Motoren brummen, Metallräder knirschen auf Schienen und Leute rufen.

Robin und Papa steigen in eine blaue Straßenbahn.

»Schau mal«, sagt Papa kurz darauf.

Die Bahn ist gerade an einer Haltestelle stehen geblieben, Leute steigen aus und ein. Papa deutet in die Höhe.

»Das hier«, sagt er, »ist die schöne Kirche, von der ich dir erzählt habe.«

Robin guckt aus dem Fenster. Er sieht eine ungeheuer große Kirche. Von ihrem Turm sieht Robin nur einen Teil, weil große Bäume davorstehen. Aber der Turm ist so hoch, dass seine Spitze die Bäume überragt. Und auf der Spitze, an der allerhöchsten Stelle des Turms, ist eine Kugel. Eine goldene Kugel. Sie glänzt im Sonnenlicht so gleißend hell, dass es beim Hinsehen in den Augen wehtut. Es ist, als würden goldene Flammen aus der Kugel schlagen. Noch nie hat Robin so etwas Schönes gesehen.

Die Straßenbahn fährt weiter durch die geschäftige Stadt. Endlich erreicht sie die Haltestelle, an der Robin und Papa aussteigen müssen. Und das machen sie. Sie steigen aus und gehen an den hohen Häusern entlang. Sie kommen zu einem China-Restaurant. Neben der Tür zum Restaurant ist Öhmchens Haustür. Wenn man drinnen, oben an der Treppe, an einer Schnur zieht, geht unten die Haustür auf.

Robin darf klingeln. Papa hebt ihn hoch. Robin drückt lange und fest auf die Klingel, damit Öhmchen auch wirklich hört, dass Besuch da ist.

Die Tür geht auf. Robin sieht eine Treppe. Eine steile Treppe. Als er die Stufen hinaufgeht, fällt ihm ein, dass er neulich in der Vorschule so weinen musste. Da hatte er in seinem Kopf diese Treppe gesehen. Sie hatte aber nicht nach chinesischem Essen gerochen, das hatte er vergessen sich dazuzudenken. Jetzt aber riecht Robin das chinesische Essen.

Oben geht Robin durch eine Tür in eine dämmrige Wohnung. Im ersten Zimmer stehen alte braune Stühle um einen alten braunen Tisch. Auf dem Tisch liegt eine alte Decke. Es ist Öhmchens Wohnzimmer. Aber niemand ist da.

Die Tür zum Schlafzimmer steht offen.

»Geh du als Erster«, sagt Robin zu Papa.

Papa betritt das Schlafzimmer.

»Tag, Vater«, sagt Papa.

Opa!

Opa ist hier!

»Tag, Junge«, sagt Opa zu Papa.

Robin späht ins Zimmer. Da sitzt Opa! Er sitzt auf einem Stuhl neben dem Bett. Robin freut sich riesig! Dann aber … sieht er Öhmchen.

Robin bleibt auf der Schwelle stehen. Er will, dass seine Füße ins Zimmer laufen, aber das machen sie nicht. Seine Füße bleiben stehen, wo sie sind. Auf der Schwelle. Robin schaut zu Öhmchen hin. Zu Öhmchen in ihrem Bett. Er wusste gar nicht, dass sie so klein ist.

»Tag, mein Junge«, sagt Opa zu Robin.

»Tag, Opa«, sagt Robin.

Seine Stimme ist so leise, als würde auf seinem Kopf eine Maus sitzen, die »Tag, Opa« fiept.

»Bekomme ich heute keinen Kuss?«, fragt Opa.

Lauft, Füße, lauft! Aber Robins Füße wollen immer noch nicht laufen. Guckt, Augen, guckt! Guckt Opa an! Aber Robins Augen gucken nur zu Öhmchen. Sie hat die Augen geschlossen, sie schläft. Opa hält ihre Hand. Öhmchen ist ganz weiß. Man sieht gleich, dass sie sehr krank ist. Und müde. Aber sie ist noch nicht tot. Nur fast. Sie lebt noch. Sie lebt noch ein ganz klein bisschen.

Öhmchens Kopf liegt auf einem weißen Kissen. Noch nie hat Robin solch einen kleinen Kopf gesehen. Auf einmal wird ihm klar, warum Öhmchens Kopf so klein ist. Wegen ihrer Haare! Öhmchen trägt die Haare sonst immer in einem Knoten am Hinterkopf, jetzt aber nicht. Jetzt liegen die Haare offen

auf dem Kissen. Robin wusste nicht, dass Öhmchen so lange Haare hat. Sie sind weiß, schneeweiß, genau wie das Kissen. Darum hat Robin die Haare erst nicht gesehen! Er dachte, sie würden zum Kissen gehören. Darum kam Öhmchens Kopf ihm so klein vor.

Draußen quietscht eine Straßenbahn durch die Kurve.

»Komm nur«, sagt Opa zu Robin. »Du brauchst keine Angst zu haben. Gib Öhmchen einen Kuss.«

Lauft, Füße, lauft!

Und siehe da: Robins Füße laufen! Aber sie laufen nicht zu Öhmchen, sondern zu Opa. Und Robins Po setzt sich auf Opas Schoß. Und Opa bekommt den Kuss, der eigentlich für Öhmchen war.

»Tja, da sind wir nun …«, sagt Opa.

Dann sind sie still, Robin und Papa und Opa. Öhmchen ist am allerstillsten. Von draußen hört man Geräusche, von Straßenbahnen und Leuten, die vorbeigehen, von Autos und Fahrradklingeln.

Papa steht am Fenster. Er schaut hinaus. Robin schaut auch hinaus. Die Sonne scheint auf die Fenster der Häuser gegenüber. Es sieht aus, als würden sie brennen. So wie die goldene Kugel auf dem Kirchturm.

Und dann … zuckt Robin zusammen, weil eine Stimme sagt: »Wer ist da?«

Es ist Öhmchens Stimme!

Robin wusste nicht, dass sie noch sprechen kann.

»Es ist Robin, Mutter«, sagt Opa. »Er will dir guten Tag sagen.«

»Das ist aber schön!«, sagt Öhmchen. »Wo ist er denn?«

»Hier, auf meinem Schoß.«

Langsam dreht Öhmchen das Gesicht zu Robin. Ihre Augen sind offen. Als sie Robin sieht, lächelt sie.

»Tag, lieber Robin«, sagt sie.

Noch nie hatte Robin so große Angst. Gleich sagt sie es, denkt er, gleich sagt sie es. Wie in der Vorschule, als ich an sie gedacht hab und so weinen musste, gleich sagt sie, dass sie stirbt.

Aber das sagt Öhmchen nicht. Sie sagt: »Fein, dass du gekommen bist. Wie geht's dir denn?«

»Gut«, flüstert Robin.

Ups!

Darf man das zu jemandem sagen, dem es selbst ganz und gar nicht gut geht? Zu jemandem, der bald stirbt?

»Schön«, sagt Öhmchen. »Und wie geht es deinem Schwesterchen?«

»Auch gut«, flüstert Robin.

»Die kleine Suse …«, sagt Öhmchen. »Lieb von euch, dass ihr sie nach mir benannt habt.«

Robin weiß nicht, was benannt heißt. Er sieht Papa an.

»Öhmchen heißt auch Suse«, sagt Papa. »Sie haben den gleichen Namen.«

»Na so was!«, sagt Öhmchen. »Bist du auch da?«

»Ja, hier«, sagt Papa.

Er tritt ans Bett und gibt Öhmchen einen Kuss auf die Wange.

»So viel lieber Besuch«, sagt sie.

»Eigentlich heißt Öhmchen Susanne«, sagt Papa. »Aber als kleiner Junge hab ich immer Oma Suse zu ihr gesagt. Später haben wir sie dann Öhmchen genannt.«

»Als ich ein ganz altes Öhmchen war«, sagt Öhmchen.

Papa und Opa und Öhmchen lachen.

Robin lacht nicht mit.

Was soll daran lustig sein?

»Ich koche uns einen Tee«, sagt Opa.

Er hebt Robin von seinem Schoß und steht auf.

»Ich helfe dir, Opa«, sagt Robin.

»Prima«, sagt Opa.

Er geht aus dem Schlafzimmer. Robin folgt ihm. Aber an der Tür dreht er sich um. Er rennt zu Öhmchen und gibt ihr einen Kuss. Einen ganz dicken Kuss, so als würde er einen Stempel auf ihre Wange drücken.

»Mmm, das war fein«, sagt Öhmchen. »Du bist ein guter Junge, Robin, du bist ein mächtig guter Junge.«

Waisenopa

»Wann stirbt Öhmchen?«, fragt Robin.

»Vielleicht in einem Monat«, sagt Opa, »vielleicht auch in einer Woche. Oder morgen. Ich weiß es nicht.«

»Dein Papa ist auch tot«, sagt Robin.

»Tja«, sagt Opa, »wenn Öhmchen stirbt, bin ich ein Waisenkind.«

»Wirst du dann wieder ein Kind?«, fragt Robin.

Er mustert Opa genau. Opa hat graues Haar und Falten im Gesicht. Er hat alte Hände. Und eine Brille.

»Nein, ich bin und bleibe ein alter Mann«, sagt Opa. »Trotzdem bin ich Öhmchens Kind, sie ist meine Mama. Und wenn sie stirbt, habe ich keine Mama und keinen Papa mehr, dann bin ich ein Waisenkind. So sagt man eben. Aber ich bin ja schon alt, und wenn Öhmchen stirbt, bin ich kein Waisenkind, sondern ein Waisenopa.«

»Und dann musst du weinen«, sagt Robin.

»Gut möglich«, sagt Opa.

»Wenn meine Mama stirbt, muss ich ganz bestimmt weinen«, sagt Robin. »Dann weine ich, bis alle Taschentücher auf der Welt klatschnass sind. Und auch alle Geschirrtücher. Und alle Bettlaken. Und alle Fallschirme.« Sie sind in Öhmchens Küche. Opa hat einen Flötenkessel mit Wasser gefüllt und auf den Herd gestellt. Robin darf Teeblätter in die Kanne geben.

»Öhmchen ist sehr alt«, sagt Opa. »Sie ist einundneunzig. Sie hatte ein langes Leben, ein langes und schönes Leben. Aber jetzt kann sie nicht mehr tanzen, nicht mehr Schlittschuh fahren, nicht mehr laufen, keine Bücher mehr lesen. Für alles ist sie zu müde. Sie kann nicht einmal mehr Karten spielen und das hat sie doch immer so gern gemacht. Sie selber findet es nicht schlimm zu sterben. Sie hat genug vom Leben.«

»Aber dann kann ich sie nie wieder sehen«, sagt Robin.

»Sicher kannst du das«, sagt Opa. »Weißt du noch, als du das letzte Mal hier warst?«

Robin muss überlegen. Das letzte Mal ... Das ist lange her. Damals war Öhmchen noch nicht müde. Sie saß am Wohnzimmertisch und trank Tee. Robin war dabei. Und Mama und Papa. Suse auch? Das weiß Robin nicht mehr. Schnuff war jedenfalls dabei. Schnuff saß auf der Fensterbank und schlief. Als eine Straßenbahn durch die Kurve quietschte, wachte er auf. Und da sagte Öhmchen: »Robin, weißt du zufällig, wo die Dose mit den Lakritztoffees steht? Ich hab's nämlich vergessen.« Das war ein Scherz, denn Öhmchen lachte. Robin rannte zu dem Schränkchen mit der Glastür und holte die Dose mit den Lakritztoffees. Er durfte sie herumreichen. Öhmchen lutschte ihr Toffee, sie schmatzte auch ein bisschen, und es dauerte ewig, bis das Toffee alle war. »Wenn ich kaue«, sagte Öhmchen, »dann bleiben meine oberen Zähne an den unteren hängen und ich muss sie rausnehmen und auseinandermachen.« Sie kicherte.

So war es beim letzten Mal. Vor langer Zeit.

»Ich weiß es noch«, sagt Robin.

»Und konntest du Öhmchen gerade sehen, als du an sie gedacht hast?«, fragt Opa.

Robin nickt.

»In meinem Kopf«, sagt er.

»Genau«, sagt Opa. »In deinem Kopf kannst du Öhmchen sehen, wenn du willst. Immer. Ich sehe Öhmchen in meinem Kopf, Papa sieht Öhmchen in seinem Kopf und du siehst Öhmchen in deinem Kopf. Wann immer du es willst.«

Robin ist froh, dass er einen Kopf hat.

Der Kessel beginnt zu pfeifen. Opa nimmt ihn vom Herd und gießt Wasser in die Teekanne. Eine dicke Dampfwolke schwebt durch die Küche.

»Weißt du zufällig, wo die Lakritztoffees sind?«, fragt Opa.

Ha!

Robin rennt ins Wohnzimmer und holt die Bonbondose aus dem Schränkchen. Er macht sie auf und ... Dürfen sie sich einfach von den Toffees nehmen? Ohne Öhmchen vorher zu fragen? Sie ist Opas Mama, Papas Oma und Robins Uroma. Da darf man sich nicht einfach Toffees nehmen. Robin geht ins Schlaf-

zimmer. Papa sitzt am Fenster und schaut hinaus. In den hellen Sonnenschein. Öhmchen liegt in ihrem Bett. Mit geschlossenen Augen.

»Öhmchen«, sagt Robin leise. »Öhmchen …«

»Was gibt's denn?«, fragt Papa.

»Ich will fragen, ob ich ein Lakritztoffee haben darf.«

»Na…«, sagt Papa.

»…türlich!«, sagt Öhmchen.

Robin erschrickt. Öhmchens Augen sind noch geschlossen, aber sie lächelt. Robin sieht es deutlich: ein Lächeln, so klein wie ein Boot auf dem großen Meer.

»Aber weißt du«, sagt Öhmchen, »weißt du …« Ihre Augen sind immer noch geschlossen. »Weißt du denn, wo die Toffees sind, Robin? Ich hab's nämlich vergessen.«

»Ich hab sie schon!«, sagt Robin.

Er hält die Dose hoch, aber weil Öhmchen nicht herschaut, sieht sie es nicht. Robin schüttelt die Dose. Die Toffees klappern.

»Magst du auch eins?«, fragt Robin.

»Nein danke«, sagt Öhmchen. »Ich hab genug Toffees gegessen.«

Sie lächelt nicht mehr, das Boot ist übers Meer davongefahren. Öhmchen schläft. Robin geht ins Wohnzimmer. Opa stellt drei Tassen auf den Tisch. Und die Teekanne. Und den Zucker. Robin stellt die Toffees neben die Zuckerdose. »Öhmchen will kein Toffee«, sagt er. »Da kannst du mal sehen«, sagt Opa, »sie ist sogar zu müde, um ein Toffee zu essen. Da ist es nicht sehr schlimm zu sterben.«

Aufhören

»Stirbt meine Mama auch?«, fragt Robin.

»Wie kommst du denn darauf?«, sagt Opa.

»Weil deine Mama stirbt«, sagt Robin.

»Ich bin ein Opa!«, sagt Opa. »Ich bin schon über sechzig, lieber Robin, und erst jetzt stirbt meine Mutter. Wann also stirbt deine Mutter?«

»Wenn ich ein Opa bin?«

»Richtig«, sagt Opa. »Und das dauert, denke ich, noch eine ganze Weile.«

Ja, das denkt Robin auch. Aber es tröstet ihn nicht. Wenn er ein Opa ist, stirbt Mama. Und das will er auf keinen Fall!

»Mama ist auch manchmal müde«, sagt er.

»Mag sein«, sagt Opa. »Aber dann geht sie früh ins Bett, schläft wie ein Murmeltier, steht ausgeruht wieder auf und lebt fröhlich weiter.«

»Ich bin auch manchmal müde«, sagt Robin.

»Ja, hallo!«, sagt Opa, »Wenn ich aber Pfannkucken backe und du riechst das, dann springst du blitzschnell aus dem Bett. Bei Öhmchen geht das nicht mehr. Und wenn ich rufe: ›Komm, wir spielen Fußball!‹, dann kommst du. Öhmchen aber nicht.«

Das stimmt.

»Nimm dir ruhig ein Toffee«, sagt Opa. »Deine Zähne sitzen noch fest.«

Robin nimmt ein Toffee aus der Dose. Eigentlich ist es kein richtiges Lakritztoffee. Nur die eine Seite ist aus Lakritz, die andere Seite ist aus Pfefferminz. Das sieht man auch am Einwickelpapier Die eine Hälfte ist schwarz, die andere Hälfte ist weiß. Und es ist ein hübscher kleiner Ritter darauf abgebildet. Robin fasst das Papier an beiden Enden und zieht. Mit der einen Hand zur einen Seite, mit der anderen Hand zur anderen Seite. Jetzt kommt das Schönste: Das Toffee dreht sich rundherum, das Papier öffnet sich und dann … kann Robin das Toffee riechen!

»Ich weiß was Gutes«, sagt Robin.

»Was denn?«, fragt Opa.

»Schnuff kann nicht sterben.«

»Stimmt«, sagt Opa. »Das ist gut.«

Robin steckt das Toffee in seinen Mund.

»Schnuff kann nur kaputtgehen«, sagt er, »und dann kann man ihn nähen. Am Ringelschwänzchen.«

»Weißt du«, sagt Opa, »wenn man klein ist, kommt einem der Kummer riesengroß vor. Aber je größer man wird, desto kleiner scheint der Kummer zu werden.«

»Also ist dein Kummer wegen Öhmchen nur klein?«, fragt Robin.

»Verflixt noch mal!«, sagt Opa. »Jetzt hab ich mich falsch ausgedrückt. Moment … Wenn du, Robin, auf der Straße hinfällst und dein Knie blutet, dann weinst du, oder?«

»Wenn ich ganz schlimm hinfalle«, sagt Robin. »Dann ja. Manchmal.«

»Ich nicht«, sagt Opa.

»Weil bei dir die Schmerzen kleiner sind«, sagt Robin.

»Von wegen!«, sagt Opa. »Meine Schmerzen sind nicht kleiner. Wenn ich hinfalle, tut das auch mir sehr weh. Und mein Knie blutet genauso stark wie deines. Das kannst du mir glauben. Aber …«

»Aber du bist tapfer«, sagt Robin.

»Ja, so ähnlich«, sagt Opa.

»Du sagst bloß einen Haufen hässliche Wörter«, sagt Robin.

»Auch«, sagt Opa. »Obwohl ich mir große Mühe gebe, das nicht zu tun. Aber ich weiß, dass die Schmerzen vorbeigehen. Ich weiß das, weil ich schon öfter Schmerzen hatte.«

»Und der Kummer geht auch vorbei«, sagt Robin.

»Du hast es kapiert«, sagt Opa.

»Und du hast schon öfter Kummer gehabt.«

»Und ob«, sagt Opa.

»Als dein Papa gestorben ist.«

»So ist es«, sagt Opa. »Mein Papa ist gestorben, meine Onkel und Tanten sind gestorben und ich hatte sie alle sehr lieb. Aber ich selber lebe noch und ich habe einen Kopf auf dem Hals. Und in meinem Kopf leben sie alle weiter.

In meinem Kopf sind sie immer noch quietschvergnügt. Ab und zu treiben sie es bunt, aber das macht mir nichts aus. Und wenn es mir doch mal zu viel wird, höre ich einfach nicht mehr hin. Und ich schaue sie nicht mehr an.«

»Geht das denn?«, fragt Robin.

»Kein Problem«, sagt Opa. »Ich schalte sie einfach aus. Klick! So wie das Radio.« Opa drückt auf Robins Nase. »Klick!«, sagt er. »Aus! Jetzt schaue ich nicht mehr in meinen Kopf, jetzt schaue ich in die Welt. Und ich sehe dich. Das ist schön. Willst du noch ein Toffee?«

Das will Robin. Opa nimmt ein Päckchen Tabak aus seiner Hosentasche und fängt an, eine Zigarette zu drehen.

»Meistens sind es alte Menschen, die sterben«, sagt er. »So ist das eben: Weggegangen, Platz vergangen.«

»Alte Menschen sollen aber nicht sterben«, sagt Robin, »gerade die sind am nettesten. Ich bin auch schon alt.«

»Klar bist du alt, und wie«, sagt Opa.

Auf einmal sieht Robin Opa im Bett liegen, in Öhmchens Bett in dem dämmrigen Schlafzimmer und in den Fenstern gegenüber glänzt die Sonne. Opas Kopf ist klein und weiß, und sein graues Haar ist auch ganz weiß. Und Opa sagt: »Robin, weißt du zufällig, wo die Dose mit den Lakritztoffees steht.«

Eine Träne kullert über Robins Wange. Er kann es nicht verhindern. Er weint.

»Ja, was hast du denn?«, fragt Opa.

»Ich hab gesehen, wie du stirbst«, sagt Robin.

»Aber ich bin noch nicht mal krank!«, ruft Opa. »Und … und ich kann ganz schnell rennen!«

Das stimmt.

»Und Schlittschuh fahren!«

Das stimmt auch.

»Und lachen!«

Das stimmt alles: Opa kann schnell rennen und Schlittschuh fahren und lachen.

»Also stirbst du nicht?«, fragt Robin.

»Nein.«

»Aber Oma kann nicht so schnell rennen, vielleicht stirbt …«

»Robin, du musst jetzt damit aufhören!«

Opa hat recht. Robin wischt seine Tränen ab und lächelt Opa tapfer an.

»Womit soll Robin aufhören?«

Papa ist hereingekommen.

»Er bildet sich ein, dass wir alle morgen sterben«, sagt Opa.

»Das glaube ich nicht«, sagt Papa.

»Ich auch nicht«, sagt Opa.

»Ich auch nicht«, sagt Robin. »Aber Öhmchen vielleicht schon.«

»Vielleicht«, sagt Papa.

»Vielleicht«, sagt Opa.

»Öhmchen schläft«, sagt Papa zu Robin. »Willst du noch mal rüber zu ihr, bevor wir gehen?«

»Nein«, sagt Robin, »ich will sie nicht wecken. Ich schau sie mir in meinem Kopf an.«

»Komm«, sagt Papa, »dann gehen wir.«

Papa gibt Opa die Hand. Robin gibt Opa einen Kuss. Einen dicken, fetten Schmatz.

»Ich will nie ein Opa werden«, sagt Robin.

»Warum nicht?«

»Wenn ich kein Opa werde, stirbt meine Mama nie.«

»Das musst du selber wissen«, sagt Opa. »Aber Opa-Sein ist zufällig das Schönste, was es gibt.«

Tot

»Wie war es?«, fragt Mama.

»Wie war es …«, sagt Papa, »ja, wie …«

Er überlegt einen Moment.

»Es geht bald zu Ende«, sagt er dann. Er zieht seine Jacke aus. »Nun ja, sie war einundneunzig.«

»Ist«, sagt Mama. »Sie ist einundneunzig, noch ist sie nicht tot.«

»Stimmt«, sagt Papa.

»Hast du mit ihr sprechen können?«

»Ja doch, sie war die ganze Zeit bei sich, und sie hat gesagt, dass Robin ein lieber Junge ist.«

»Ein guter Junge«, sagt Robin. Er hängt seine Jacke an die Garderobe.

»Ja«, sagt Papa, »ein mächtig guter Junge, hat sie gesagt. Und damit hat sie recht. Außerdem hat sie sich sehr gefreut, dass Suse nach ihr benannt ist.«

»Hatte sie Schmerzen?«, fragt Mama.

»Nein, sie hat ruhig dagelegen. Sie ist zufrieden und hat keine Angst vor dem, was kommt.«

»Habt ihr Hunger?«, fragt Mama.

»Wie ein Pferd«, sagt Papa.

»Wie zwei Pferde«, sagt Robin.

Die Rückfahrt war lang – mit der Straßenbahn, mit der Fähre, mit dem Bus und mit noch einem Bus. Inzwischen ist es Abend, aber noch lange nicht dunkel. Suse schläft schon längst. Sie ist ja noch sehr klein.

Robin geht ans Fenster. Über dem Haus von Onkel Klaas und Tante Betty fliegen Mauersegler. Und in der Ferne ist der Himmel rot und rosa und lila. Es ist still auf der Welt. Niemand ist auf der Straße.

Da läutet das Telefon.

Papa geht dran und meldet sich.

»Tag, Vater«, sagt er. Danach ist er lange still. Er lauscht.

Plötzlich überläuft es Robin eiskalt. Er kann sich nicht rühren. Es ist, als wären seine Füße am Boden festgefroren. Vorsichtig hebt er ein Bein. Es geht. Dann hebt er das andere Bein. Geht auch. Und … er rennt die Treppe hinauf.

Schnuff liegt in Robins Bett. Der gute Schlafratz! Robin nimmt Schnuff in die Arme und sagt: »Schnuff, du darfst jetzt nicht erschrecken: Öhmchen ist tot.«

Zusammen rennen sie die Treppe hinab.

»Kann ich wirklich nichts tun?«, fragt Papa gerade ins Telefon. Er lauscht, dann nickt er und sagt: »Gut, wir sehen uns also am Montag. Viel Kraft, Vater. Und gib Mutter einen Kuss. Von uns allen … Ja, mach ich.«

Papa legt auf. Er geht auf Robin zu, nimmt ihn auf den Arm und drückt ihn fest an seine Brust. Viel zu fest.

»Schnuff hat auch nicht weinen müssen«, sagt Robin.

»Weswegen hat Schnuff nicht weinen müssen?«, fragt Papa.

»Wegen Öhmchen«, sagt Robin. »Weil sie tot ist.«

»Woher weißt du, dass sie tot ist?«, fragt Papa. »Ich hab doch noch gar nichts erzählt.«

»Der Himmel war so rot«, sagt Robin. »Und da hat Opa angerufen.«

Papa nickt. »Ja, sie ist tot«, sagt er. »Unser Öhmchen ist gestorben. Aber Opa sagt, es war nicht schlimm, sondern sehr schön. Öhmchen lag im Bett und schlief. Und Opa hat ihre Hand gehalten. Da wurde es mit einem Mal ganz still in der Stadt. So als würden alle Autos und Busse und Straßenbahnen stehen bleiben und alle Leute auf der Straße den Mund halten. Und dann, sagt Opa, war es, als würde ein Windhauch durchs Zimmer wehen. Wie von einem großen Vogel, der über Öhmchen hinwegflog. Opa hat den Vogel zwar nicht gesehen, aber gespürt hat er ihn, weil die Luft sich bewegte. Und dann war Öhmchen tot. Sie hat nicht mehr geatmet.«

»Ach je«, sagt Mama.

Robin hat es gesehen. Alles, was Papa erzählt hat, konnte er in seinem Kopf sehen. Ganz genau. Er hat Öhmchen in ihrem Bett gesehen und Opa, der danebensaß, er hat die stille Stadt mit den anhaltenden Bahnen gesehen und die Leute auf der Straße, die sich die Hand vor den Mund legten … und sogar den Vogel hat er gesehen. Den Vogel, den Opa nicht gesehen hat. Robin aber schon. Es war ein Schwan, ein großer weißer Schwan.

»In meinem Kopf kann ich Öhmchen noch sehen«, sagt Robin. »Da kann

sie immerzu Toffees essen. Sie darf auch schmatzen. Das macht mir nichts aus.«

»Das hast du schön gesagt«, sagt Mama.

»Moment mal«, sagt Papa. Er setzt Robin ab und geht in die Diele. Dann kommt er wieder, mit den Händen auf dem Rücken. »Da war noch was in meiner Jackentasche«, sagt er und zeigt die Hände vor. Darin liegt Öhmchens Bonbondose. Die Dose mit den Lakritztoffees.

»Für dich«, sagt Papa zu Robin.

Aber Robin traut sich nicht, die Dose zu nehmen. Er hat Angst. Er weiß nicht, warum er Angst hat, aber es ist so. Ganz furchtbare Angst hat er.

Papa schüttelt die Dose und Robin hört die Toffees klappern.

»Das ist wirklich für dich, mein Schatz«, sagt Papa. »Öhmchen hat gesagt: ›Gib die Toffees und die Dose dem kleinen Robin, er ist so ein guter Junge. Dann denkt er noch ab und zu an mich.‹«

»Das mach ich auch so«, sagt Robin, »auch ohne … ohne … ich …« Er kann nicht weitersprechen, weil er ganz furchtbar weinen muss.

Mama nimmt ihn auf den Arm und trägt ihn zum Sofa. Dort setzen sie sich hin. Papa steht noch mit der Dose in der Hand da. Er steht da und wartet, bis Robin wieder sprechen kann.

»Ich weine nicht, weil Öhmchen tot ist«, sagt Robin, »ich weine, weil sie so lieb war.«

»Das verstehe ich gut«, sagt Mama. »So viele Menschen sind tot und man kann nicht um alle weinen. Man weint nur, wenn man jemand lieb hatte.«

Robin nickt.

»Jetzt müssen wir auf eine andere Art glücklich werden«, sagt Papa.

Robin versteht nicht, was Papa meint.

»Jetzt müssen wir ohne Öhmchen leben und glücklich werden«, sagt Papa. »Aber ich bin sicher, das wird uns gelingen. Uns schon.«

Robin nimmt die Dose. Er macht sie auf. Er nimmt ein Toffee heraus. Er fasst das Papier an beiden Enden und zieht. Das Toffee dreht sich rundherum, das Papier öffnet sich und Robin riecht das Toffee. Er sieht Öhmchen. Sie sitzt an ihrem Wohnzimmertisch und rührt in ihrer Teetasse. Dann wickelt Robin das Toffee wieder ein. Weg ist Öhmchen. Klick! Robin legt das Toffee in die Dose zurück und macht sie zu. Er ist schon fast wieder glücklich.

Zunge

Am nächsten Tag nimmt Robin die Bonbondose mit in die Vorschule. Als alle im Kreis sitzen, zeigt er sie den anderen Kindern.

»Die Dose hat meinem Öhmchen in der großen Stadt gehört«, sagt er. »Ich hab sie bekommen.«

Möglichst behutsam macht er die Dose auf. Am liebsten würde er ein bisschen weinen, damit Frau Tineke sich neben ihn setzt. Und den Arm um ihn legt. Vielleicht würde sie ihm sogar einen Kuss auf den Kopf geben. Einen Kuss, den er noch eine Woche später spüren würde. Aber Robin kann nicht weinen. Deshalb macht er die Dose möglichst behutsam auf. Und ganz langsam. Damit die Lehrerin merkt, dass er großen Kummer hat. Er zeigt den anderen Kindern die Lakritztoffees.

»Hurra!«, ruft Rudi. »Wir kriegen Bonbons von Robin!«

»Hurra, hurra«!«, rufen alle Kinder.

Schnell macht Robin die Dose wieder zu. »Niemand darf die Toffees essen«, sagt er. »Weil mein Öhmchen … mein Öhmchen ist tot.«

Und dann erzählt er von Öhmchen. Von ihren langen weißen Haaren auf dem Kopfkissen, von ihrem Scherz mit den Toffees, von den Straßenbahnen und Bussen, die von der Polizei gestoppt wurden, von den Leuten auf der Straße, die den Mund halten mussten, und wenn nicht, kriegten sie ihn zugepflastert. Und er erzählt von Opa, der Öhmchens Hand hielt, und von dem großen weißen Schwan, der erst durchs Schlafzimmer flog und dann aus dem Fenster ins Freie.

»Und als die Leute den Schwan sahen«, sagt Robin, »da durften sie wieder reden, da hat die Polizei die Straßenbahnen und die Busse und die Autos wieder fahren lassen. Weil mein Öhmchen nämlich tot war.«

»Aber Robin«, sagt Frau Tineke, »du warst doch nicht dabei, als dein Öhmchen gestorben ist, oder?«

»Ich hab alles gesehen«, sagt Robin.

Und das stimmt auch.

»Ha-ha!«, ruft Nellie. »Wenn dein Öhmchen jetzt tot ist, kannst du gaaaaar nicht mehr in sie verliebt sein!«

Frau Tineke schlägt sich mit der Hand aufs Knie, so fest, dass es knallt. Dann deutet sie zur Tür. »Raus!«, sagt sie zu Nellie. »Raus aus dem Zimmer, aber sofort!« Die Lehrerin ist ganz rot geworden, eine Haarsträhne fällt ihr ins Gesicht. Sie sagt: »Und wasch deine Zunge mit Seife ab, damit du nie mehr so etwas Hässliches sagen kannst!« Ihr Zeigefinger deutet zur Tür. Der Fingernagel ist knallrot lackiert.

Oh, Robin ist ja so verliebt in Frau Tineke!

Nellie verlässt das Zimmer.

»So«, sagt die Lehrerin. »Nun hat Robin uns seine Neuigkeiten erzählt. Sein Öhmchen ist tot und er hat eine wunderschöne Bonbondose geerbt.«

»Geerbt?«, ruft Rudi. »Was soll das denn sein … geerbt?«

»Dass man was kriegt von jemand, der sterbt«, sagt Alexander.

»So ist es«, sagt die Lehrerin zu Alexander. »Und du hast es auch sehr schön gesagt. Es klingt wie ein Gedicht: Was ist geerbt! Dass man was kriegt von jemand, der sterbt. – Richtig heißt es aber stirbt.«

»Und was ist stirbt?«, fragt Rudi.

»Dass man tot ist«, sagt Robin.

»Genau«, sagt Frau Tineke. »Hat sonst noch jemand etwas zu erzählen?«

Und ob! Auf einmal kennt jeder einen, der tot ist. Einen Onkel, eine Tante, einen Opa, eine Oma, einen Kanarienvogel, ein Meerschweinchen, eine Katze, einen Hund, eine Schnecke, einen Nachbarjungen, der mit seinem Moped zu schnell gefahren ist, Evis Vater … Alle erschrecken, als sie hören, dass Evis Vater tot ist. Aber Evi redet ganz normal davon, ohne zu weinen. »Mein Vater ist schon lange tot«, sagt sie. »Ich war damals noch ein Baby.«

Frau Tineke nickt. Sie wusste es schon. »Jetzt reden wir aber nicht mehr übers Sterben«, sagt sie. »Hat jemand etwas Lustiges oder etwas Fröhliches zu erzählen? Ich wüsste etwas …«

»Ich auch!«, sagt Marjan. »Nellie ist noch draußen auf dem Flur.«

»Ach ja«, sagt die Lehrerin. Sie geht zur Tür und lässt Nellie ins Zimmer. »Hast du deine Zunge abgewaschen?«, fragt sie.

»Ja«, sagt Nellie mit kleinlauter Stimme. »Meine Zunge ist ganz sauber. Ich kann nur noch süße Wörter sagen.«

»Fein«, sagt Frau Tineke.

»Zucker«, sagt Nellie.

»Setz dich wieder auf deinen Platz.«

»Marmelade«, sagt Nellie.

»Ja, ich weiß Bescheid«, sagt Frau Tineke.

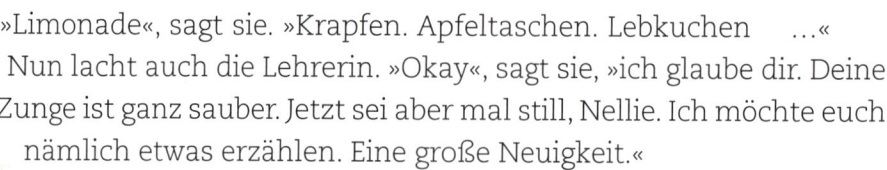

»Schokostreusel«, sagt Nellie.

Die Kinder lachen sich schief.

Und Nellie macht unverdrossen weiter.

»Limonade«, sagt sie. »Krapfen. Apfeltaschen. Lebkuchen   …«

Nun lacht auch die Lehrerin. »Okay«, sagt sie, »ich glaube dir. Deine Zunge ist ganz sauber. Jetzt sei aber mal still, Nellie. Ich möchte euch nämlich etwas erzählen. Eine große Neuigkeit.«

Frosch

Die Kinder sind still. Die Lehrerin hat eine große Neuigkeit. Sonst hat sie nie eine Neuigkeit, heute aber schon. Und noch dazu eine große!

»In drei Monaten«, sagt Frau Tineke, »am letzten Tag vor den Sommerferien, an diesem schönen Tag werde ich … heiraten.«

Die Kinder jubeln und klatschen in die Hände. Nur Robin jubelt und klatscht nicht. Robin fällt vor Schreck fast vom Stuhl. Frau Tineke wird heiraten, aber … wen bloß? Doch nicht etwa ihn? Ro… Robin? Ich bin noch viel zu klein!, denkt Robin, ich kann unmöglich schon heiraten!

»Haben Sie einen netten Kerl erwischt, Frau Tineke?«, ruft Nellie.

»Einen supernetten Kerl«, sagt die Lehrerin.

»Wie heißt er?«, ruft Marjan.

Jetzt kommt es, denkt Robin, jetzt kommt es! Gleich sagt sie es!

Sein Kopf glüht, als würde in seinem Mund ein Feuer brennen. Robin traut sich nicht, die Lehrerin anzuschauen, denn sonst würde sie sehen, dass er puterrot geworden ist. Das darf nicht sein. Robin betrachtet seine Schuhe.

»Er heißt …«, sagt die Lehrerin.

Jetzt kommt es.

Robin betrachtet seine Schnürsenkel, die Ösen für die Schnürsenkel, die Schleifen der Schnürsenkel, die Schuhspitzen, die Absätze, die Sohlen und den Dreck an den Sohlen. Noch nie hat Robin seine Schuhe so gründlich betrachtet.

»Er heißt …«, sagt die Lehrerin. »R…o…b…Robert!«

Robin schluckt. Er schluckt immer wieder, bis das Feuer in seinem Mund erloschen ist.

»Puuuh!«, macht er.

Er ist nicht mehr in Frau Tineke verliebt.

»Ist Robert ein Ritter?«, fragt Rudi.

»Nein«, sagt die Lehrerin.

»Ein Cowboy?«, fragt Alexander.

»Nein.«

»Ein Prinz?«, fragt Evi.

»Nein.«

»Ist Robert«, fragt Nellie, »ist Robert ein Blödhammel?«

Bestimmt ist Nellies Zunge schon wieder schmutzig. Aber jetzt lacht die Lehrerin nur.

Robin will etwas Gemeines über Robert sagen, aber ihm fällt nichts ein. Ist Robert dämlich? Stinkt Robert? Hat Robert eine Glatze? Alles nicht gut … Hat Robert ein Holzbein?

»Wie heißt Robert weiter?«, fragt Jannie.

»Er heißt Quakernass«, sagt Frau Tineke, »Robert Quakernass.«

Plötzlich hat Robin eine Idee.

»War Robert Quakernass früher ein Frosch?«, fragt er.

Die Kinder lachen schallend.

»Das war gut, Robin«, sagt Alexander und haut Robin auf die Schulter.

Die Lehrerin macht immer noch ein fröhliches Gesicht. »Ja«, sagt sie, »Robert war früher ein Frosch. Er saß auf einem Seerosenblatt im Teich. Da hab ich ihn genommen und ihm einen dicken Kuss gegeben und dann …«

»… dann wurde er ein Prinz«, sagt Evi.

So ein Mist!, denkt Robin. Da hab ich was Gemeines gesagt und Frau Tineke macht einen Spaß daraus! Jetzt finden alle diesen Robert nett! Zu dumm!

»Nein, kein Prinz«, sagt die Lehrerin nun. »Ihr habt alle falsch geraten. Robert ist Zigarrenhändler. Er hat einen Laden und in dem Laden verkauft er Zigarren.«

»Bäh!«, sagt Nellie.

»Und Zigaretten.«

»Igittigitt!!!«, rufen die Kinder.

»Und auch viele Süßigkeiten«, sagt Frau Tineke.

Das klingt gut. Sehr gut sogar. Alle jubeln.

»Werden Sie dann auch Zigarrenhändler?«, fragt Alexander.

»Aber hallo!«, sagt die Lehrerin.

»Und wo ist der Laden?«, fragt Elias.

»In der großen Stadt«, sagt die Lehrerin. »Und zwar in der Nordstadt.«

»Was heißt das?«, fragt Nellie.

»Oberhalb vom Fluss«, murmelt Robin.

»Was hast du gesagt, Robin?«, fragt Frau Tineke.

»Oberhalb vom Fluss«, sagt Robin. »Der Bus fährt durch die Nordstadt. Bis fast zur Fähre. Zur Fähre über den Fluss.«

»Sieh an!«, sagt Frau Tineke. »Du kennst dich aber gut aus!«

»Auf der anderen Seite vom Fluss steht die Straßenbahn«, sagt Robin. »Und mit der Straßenbahn kann man zu meinem Öhmchen fahren. Aber jetzt nicht mehr. Weil mein Öhmchen tot ist.«

»Ich weiß, Schätzchen«, sagt die Lehrerin.

Ui!

Robin ist doch noch in Frau Tineke verliebt!

»In drei Monaten wird jedenfalls groß gefeiert«, sagt sie. »Wir heiraten hier im Dorf, im Rathaus, und ihr dürft alle kommen.«

»Dann kriegen wir ganz, ganz viele Süßigkeiten!«, ruft Rudi.

»Könnte gut sein«, sagt die Lehrerin.

»Und Zigarren!«, ruft Rudi.

»Auf keinen Fall!«

»Doch!«, rufen die Kinder.

Alle Kinder. Nur Robin nicht. Ich geh bestimmt nicht zum Rathaus, denkt er. Ich will Robert Quakernass nicht sehen. Nie. Nie in meinem ganzen Leben!

Eifersucht

Blödes Hütchen.

Blödes Fähnchen.

Blödes Lied.

Robin steht mit den anderen Kindern aus der Vorschule vor dem Rathaus. Er hat ein blödes Papierhütchen auf dem Kopf und in der Hand ein blödes Fähnchen. Er muss ein furchtbar blödes Lied singen und das macht er auch noch. Er singt:

»Heute ist ein Freudentag,

und wir stehn Spalier

zu Ehren unserer Lehrerin,

denn die heiratet ein Tier.«

Nein, das singt Robin nicht. Er singt nicht »denn die heiratet ein Tier«. Das traut er sich nicht. Er singt »drum sind wir alle hier.« So wie die anderen Kinder. Aber er denkt »denn die heiratet ein Tier«. Das zu denken traut er sich schon.

Das blöde Lied geht weiter und Robin singt mit:

»Die Sonne strahlt, wir strahlen auch,

wir jubeln und wir sehn

das Hochzeitspaar in seinem Glück,

ich will nach Hause gehn.«

Nein, Robin singt nicht »ich will nach Haus gehn«. Er denkt es, aber er singt es nicht. Er singt »die Braut ist wunderschön!«.

Das Lied ist mehr als blöd, denkt Robin, denn Frau Tineke ist überhaupt nicht schön. Man sieht ihre Haare gar nicht. Die sind unter einer weißen Kappe mit Schleier verborgen. Und ihre Finger mit den rot lackierten Nägeln stecken in weißen Handschuhen. Am Arm trägt sie ein albernes Körbchen. Als wäre sie Rotkäppchen. Nein, Weißkäppchen.

Frau Tineke steht oben an der Treppe vor der Tür des Rathauses. Sie blickt herunter zu den Kindern mit ihren blöden Hütchen. Die Kinder winken mit ihren blöden Fähnchen und die Lehrerin winkt zurück. Immerhin lächelt sie lieb. Aber es ist blöd von ihr, so lieb zu lächeln, denn sie steht neben dem hässlichsten Kerl auf der ganzen Welt.

Das ist also Robert.

Robert Quakernass.

Der früher ein Frosch war.

Dass Robert Quakernass früher ein Frosch war, sieht man noch gut. Er hat sich nicht groß verändert. Er hat eine Glatze, hervorquellende Augen und dicke Backen. In den Backen sind lauter Fliegen, das weiß Robin. Robert hat sie vorhin gefangen, als er im Garten hinter dem Rathaus herumgehüpft ist. Sie summen noch, die Fliegen. Wenn Frau Tineke Robert jetzt einen Kuss gibt, bekommt sie Fliegen in den Mund. Robert Quakernass hat breite flache Schuhe an. Darin sind seine Schwimmfüße. Das weiß Robin ganz sicher. Weißkäppchen und der böse Frosch.

Und immer noch ist das Lied nicht zu Ende!

»Nun sagen wir Auf Wiedersehn,

alles Gute und Ade,

zu unsrer lieben Lehrerin

und ihrem Frosch, oje!«

Nein, das mit dem Frosch singt Robin nicht. Er singt ganz brav wie alle anderen Kinder »der Abschied tut so weh«.

Und als Robin das singt, muss er fast weinen. Ja, denkt er, der Abschied tut so weh. Ich werde Frau Tineke nie vergessen. Ich werde immer an sie denken. Immer. Und wenn ich an sie denke, dann denke ich: Warum hat sie nicht eine Weile gewartet? Dann hätte sie mich heiraten können!

Robin erschrickt, weil plötzlich alle Kinder jubeln. Sie lassen ihre Fähnchen fallen und kriechen auf dem Platz vor dem Rathaus herum. Was ist los? Dann sieht Robin es: Frau Tineke holt eine Handvoll Süßigkeiten aus ihrem Körbchen und wirft sie herunter auf den Platz. Wie beim Karnevalsumzug.

»Juhu, Hochzeitsbonbons!«, rufen die Kinder.

Sie kriechen herum und grabschen und grabbeln. Die Papierhütchen fallen ihnen vom Kopf. Alexander und Elias wälzen sich raufend am Boden. Sie streiten um ein rosa Bonbon. Auf dem Platz herrscht ein Riesendurcheinander.

Robin grabscht und grabbelt nicht. Die Bonbons sind aus dem Laden von Robert Quakernass, denkt er. Die schmecken bestimmt nach Zigarre. Oder nach Rauch. Oder nach Asche. Oder nach Robert Quakernass. Solche Bonbons sind Robin zuwider – zuwider, widerlich, widerwärtig. Nein danke!

Hochzeitsbonbons

Am Rand des Platzes vor dem Rathaus steht Sofie. Auch sie kriecht nicht auf dem Boden herum und grabscht und grabbelt nicht. Genau wie Robin schaut sie den streitenden und schreienden Kindern zu. Wahrscheinlich sind ihr die Bonbons auch zuwider.

Robin kennt Sofie. Sie ist schon älter und geht nach den Ferien in eine andere Schule. Am Abschiedsabend in der Aula hat Sofie in einem Stück mitgespielt. Sie war Schneewittchen. Ein wunderschönes Schneewittchen. Sie lag in einem gläsernen Sarg und alle hielten sie für tot. Aber sie war nicht tot, ihr war nur ein Apfelbissen im Hals stecken geblieben. Ihr Gesicht war weiß wie Schnee, ihre Lippen waren rot wie Blut und ihre Haare schwarz wie Ebenholz. Jetzt sind die Haare von einem blöden Papierhütchen verdeckt.

Robin und Sofie sehen einander an. Sofie wedelt mit dem Fähnchen vor ihrem Gesicht, als wäre es ein Fächer. Sie pustet und schnauft, ihr ist warm. Und dann … nimmt sie das Hütchen vom Kopf. Sie schüttelt die Haare. Wie Krähenflügel flattern die Haare um Sofies Kopf. Die Sonne scheint darauf und lässt sie glänzen. Man könnte meinen, die Haare wären blau. Mit einem Mal ist Sofie wieder ganz und gar Schneewittchen.

Schnell nimmt auch Robin sein Hütchen ab. Es hat ihn sowieso schon am Kopf gejuckt. Sofie sieht, dass Robin sein Hütchen abgenommen hat und … sie lächelt ihm zu!

Das hätte sie nicht machen dürfen.

Aber sie macht es.

Sie lächelt Robin zu und winkt. Sie winkt ihm. Mit ihrem Fähnchen, ihrem wunderbaren Fähnchen. Joghurt! Wieder ist es, als wären Robins Knochen alle aus Joghurt. Er schwankt auf den Beinen. Er fühlt sich schlabbrig, schlabbrig wie Joghurt, schlabbrig wie Milch. Noch schlabbriger: Wasser. Wie eine Pfütze Wasser auf dem Platz vor dem Rathaus – so kommt Robin sich vor. Und die warme Sonne scheint auf das Wasser und das Wasser wird zu einer Wolke.

Die Wolke Robin steigt langsam auf und schwebt über dem Dorf dahin. Sie dreht eine Runde um den Kirchturm und blickt nach unten. Sie sieht kleine Häuser und Bauernhöfe und Wassergräben und Wiesen … und ein kleines Rathaus. Oben an der Treppe zum Rathaus stehen eine klitzekleine Lehrerin und ein klitzekleiner Zigarrenhändler. Und unten an der Treppe wimmeln Kinder herum und suchen stecknadelkopfkleine Hochzeitsbonbons.

Am Rand des Platzes glänzt Sofie in der Sonne. Auch sie ist klein, aber sie wird immer größer. Wie kommt das? Oh! Sofie steigt auch auf! Sie ist auch verliebt!

Verliebt in ihn, in Robin! Sofie kommt durch das Himmelsblau auf ihn zugeflogen, ihr Kleid flattert wild im Wind. Jetzt ist sie ganz nah und streckt ihre Hand aus und Robin streckt auch seine Hand aus und Sofie nimmt seine Hand … Sofie hat eine große kräftige feste Hand.

»Mann, wovon träumst du denn?«, fragt Papa. »Willst du gar keine Hochzeitsbonbons?«

Es ist Papas Hand.

Robin ist keine Wolke mehr. Er ist wieder ein Junge und steht fest auf dem Boden.

»Nein«, sagt Robin, »die sind mir zuwi…«

Da fällt sein Blick auf Sofie. Sie hat ein Bonbon in der Hand und betrachtet es. Dann steckt sie es vorsichtig in den Mund und probiert. Man sieht deutlich, dass sie ausgiebig probiert. Sie macht ein Gesicht, als würde sie über etwas sehr Schwieriges nachdenken, und sie spitzt die Lippen wie zu einem Kuss. Zu einem Luftkuss. Plötzlich sieht sie Robin direkt an und da weiß er: Der Kuss ist für ihn! Joghurt! Milch! Wasser, Wolke … Wieder steigt Robin langsam auf. Aber Papa zieht ihn mit sich. Gerade noch rechtzeitig.

»Komm, wir gehen nach Hause«, sagt Papa. »Das Hochzeitspaar gibt heute Abend ein großes Fest im Gasthaus ›Zum Ritter Georg‹. Mama und ich sind eingeladen. Wir müssen vorher noch unter die Dusche und du musst was essen. Und dann kommt auch schon die Babysitterin.«

»Ich will jetzt doch ein Hochzeitsbonbon«, sagt Robin.

»Da hast du Pech«, sagt Papa. »Die Bonbons sind alle. Ganz und gar alle. Das war ein schöner Nachmittag, ihr habt auch toll gesungen. Dazu noch so gutes Wetter …«

Sie gehen nach Hause, an der Kirche und am Gasthaus vorbei, am Fußballplatz und an dem Haus, in dem Pieter wohnt.

»Warum wolltest du erst keine Hochzeitsbonbons?«, fragt Papa.

»Weil ich gedacht hab, dass die nach Zigarre schmecken«, sagt Robin. »Oder nach Rauch. Oder nach Asche. Oder nach Robert Quakernass.«

»Das ist gut!«, sagt Papa. Er lacht schallend und nimmt Robin auf den Arm.

»Ein komischer kleiner Kauz bist du«, sagt er. »Aber zum Glück mag ich komische kleine Käuze furchtbar gern.« Und Papa gibt Robin einen Riesenschmatz auf die Wange.

Zu Hause läuft Papa gleich die Treppe hinauf, weil er duschen will. Kurz darauf hört Robin ihn rufen: »Robin! Hallo, Robin!«

Robin geht in die Diele. Oben an der Treppe steht Papa. In der Unterhose.

»Schau mal, was ich gefunden hab!«, sagt Papa. »In meinen Haaren!«

Papa zeigt, was er gefunden hat. Es ist ein Hochzeitsbonbon. Ein rosa Hochzeitsbonbon.

Ein Wunder ist das! Von den tausend Bonbons, die Frau Tineke geworfen hat, ist eines auf Papas Kopf gelandet. In seinen Haaren.

»Willst du es haben?«, fragt Papa.

Robin nickt. Er will sehr gern ein Hochzeitsbonbon.

»Wirf's runter!«, ruft er.

Papa wirft. Das Bonbon landet unten an der Treppe. Robin hebt es auf und steckt es in den Mund. Er probiert.

»Und?«, fragt Papa. »Zigarren? Rauch? Asche? Robert Quakernass?«

»Nein, lecker«, sagt Robin.

Er geht wieder ins Wohnzimmer und stellt sich ans Fenster. Er lutscht an seinem Hochzeitsbonbon und probiert noch einmal ausgiebig.

Das Bonbon schmeckt nach Sofie.

Jaap

»Die Hochzeit von Frau Tineke war ein schönes Fest«, sagt Papa am nächsten Morgen. »Wir haben getanzt, bis unsere Schuhe eingeschlafen sind.«

»Und wir haben gesungen«, sagt Mama, »bis die Lieder alle waren.«

Es ist der erste Tag der großen Sommerferien. Sie sitzen am Tisch, um zu frühstücken. Aber auf dem Tisch ist kein Brot, kein Käse und keine Butter. Auch kein Glas mit Marmelade. Robin und Mama und Papa haben kleine Teller vor sich stehen, und daneben liegen Gäbelchen. Suse sitzt in ihrem Kinderstuhl, ohne Teller und ohne Gäbelchen. Mitten auf dem Tisch steht eine große weiße Schachtel.

»Wie war es gestern beim Rathaus nach der Trauung?«, fragt Mama Robin.

»Schön«, sagt Robin. »Es war wie ein Märchen.«

Wie zwei Märchen, denkt er. Das eine, von Weißkäppchen und dem bösen Frosch, war ein blödes Märchen, das andere, von Schneewittchen und Prinz Robin, war ein schönes Märchen.

»Es war eine wunderbare Hochzeitsfeier«, sagt Papa. »Und heute … heute feiern wir schon wieder.«

Er hebt den Deckel von der weißen Schachtel. In der Schachtel sind Törtchen. Drei Stück. Ein Sahnetörtchen, ein Mokkatörtchen und ein Schokokuss.

Robin versteht das Ganze nicht. Soll es etwa Törtchen zum Frühstück geben? So etwas hat er noch nie erlebt.

»Greif zu!«, sagt Papa zu Robin.

Robin nimmt den Schokokuss – herrlich süße Schlagsahne, umhüllt von Schokolade.

»Ich wusste, dass du den nehmen würdest«, sagt Papa.

Mama nimmt das Sahnetörtchen.

»Wusste ich auch«, sagt Papa, »na, dann bekomme ich Mokka.«

»Und Suse?«, fragt Robin.

Papa schaut noch einmal in der leeren Schachtel nach. »Gefunden!«, sagt er und holt ein Löffelbiskuit heraus. Die Schachtel war gar nicht leer! Papa hält Suse das Biskuit vor die Nase. »Magst du das?«, fragt er.

»Wie-wie«, sagt Suse.

»Das ist Französisch«, sagt Papa. »Wie bedeutet ja. Suse spricht heute zur Feier des Tages Französisch.«

Suse nimmt das Biskuit, steckt es in den Mund und fängt an zu knabbern.

»Kennst du Herrn Elzen?«, fragt Papa Robin.

Robin nickt. Klar kennt er Herrn Elzen. Herr Elzen ist Lehrer und der Chef von der Schule. Der Rektor. Er unterrichtet die Kinder der obersten Klasse. Auch Sofie. Herr Elzen wohnt in dem Haus gleich neben der Schule.

»Herr Elzen zieht weg. Er wird Rektor an einer anderen Schule, in der Stadt. Und wer«, fragt Papa, »wer wird wohl Rektor an unserer Schule?«

Das weiß Robin nicht.

»Ich«, sagt Papa, »ich werde Rektor an unserer Schule. Darum gibt es heute Törtchen.«

Papa wird der Chef von der Schule! Das ist eine gute Neuigkeit. Dann ist Robin nämlich der Sohn vom Chef von der Schule.

»Und wer wird wohl in Herrn Elzens Haus wohnen?«

Auch das weiß Robin nicht.

»Wir«, sagt Papa. »Mama und du und Suse und ich. Darum feiern wir.«

Er nimmt einen großen Bissen von seinem Mokkatörtchen.

Robin will ein Stück von seinem Schokokuss auf die Gabel nehmen. Es klappt nicht. Die Schokoladenhülle ist so hart, dass sie nur einen Sprung bekommt, aus dem Sahne herausquillt.

»Ziehen wir um?«, fragt Robin.

»Genau das machen wir«, sagt Mama. »Ist das nicht toll?«

Robin weiß nicht, ob er umziehen will. Es gefällt ihm gut in seinem Zimmer hier im Haus. Und im Garten gefällt es ihm auch. Und auch in der Küche und in der Diele und im Klo. Und sie haben eine prima Treppe, findet Robin. Und gegenüber wohnen Onkel Klaas und Tante Betty. Und auf seinen Kletterbaum klettern ist für ihn das Allerschönste. Robin schaut zur Decke empor. Eine prima Decke ist das …

Robin drückt seinen Schokokuss ganz platt, sodass der Teller voller Schlagsahne ist.

»Ich will nicht umziehen«, sagt er.

»Aber sicher willst du«, sagt Mama. »Dann wohnst du neben der Schule und bist morgens ganz schnell dort. Bei Regen wirst du nicht nass und bei Kälte frierst du nicht. Weil es nur ein paar Schritte sind.«

Oh.

»Und du kannst jederzeit auf dem großen Schulhof spielen.«

Oh ja.

»Es gibt dort auch Hühner.«

Das wusste Robin nicht.

»Und du bekommst ein wunderschönes Zimmer. Viel größer als dein jetziges. Das Zimmer hat eine Tür, die auf eine Dachterrasse führt. Dort kannst du auch spielen.« Robin steckt sich eine Gabel voll Schlagsahne in den Mund.

»Vielleicht will ich doch umziehen«, sagt er. »Aber nur, wenn Schnuff auch mitdarf.«

»Wir nehmen alles mit«, sagt Papa, »alles und jeden. Schnuff und dich und Suse packen wir zusammen in einen großen Umzugskarton.«

»Echt wahr?«

»Natürlich nicht.«

Dann ist es gut.

Robin nimmt noch einen Bissen Schokokuss auf die Gabel. Sein Teller ist voller Schlagsahne und voller Schokolade. Das Tischtuch hat auch etwas abbekommen.

»Schon nächste Woche können wir in das Haus«, sagt Mama. »Dann putzen wir und streichen und bauen Schränke.«

»Das kann ich noch nicht«, sagt Robin.

»Deshalb verreist du für eine Woche«, sagt Mama. »Opa und Oma holen dich ab und fahren mit dir ans Meer. Ihr wohnt bei Onkel Piet und Tante Miez. Die kennst du noch, oder?«

Ja, die beiden kennt Robin noch. Robin kennt schon ziemlich viele Leute. Onkel Piet und Tante Miez haben einen Laden in einem Dorf am Meer. Sie verkaufen Milch und Buttermilch und Sahne und Butter und Eier und …

Joghurt! Oje, dann kann Robin Sofie eine ganze lange Woche nicht sehen! Und er ist doch frisch verliebt! Seit einem Tag erst!

»Ich will nicht verreisen«, sagt Robin.

»Aber sicher willst du«, sagt Mama. »Opa und Oma kommen doch mit.«

Oh ja.

»Und du darfst Tante Miez im Laden helfen und auf Onkel Piets Kastenrad mitfahren und den Leuten Milch verkaufen.«

Oh.

»Und du kannst jeden Tag an den Strand gehen, im Meer schwimmen und Sandburgen bauen. Du bekommst auch eine schöne neue Badehose.«

»Vielleicht will ich doch verreisen«, sagt Robin.

Dann muss Sofie eben warten, denkt er.

Zufrieden rührt Robin in der Schlagsahne und der Schokolade auf seinem Teller.

»Jaap geht's nicht gut«, sagt er.

»Wem?«, fragen Mama und Papa.

»Jaap.« Robin deutet auf den zermatschten Schokokuss auf seinem Teller und sagt: »Der heißt Jaap.«

Kastenrad

Es ist noch ganz früh am Morgen, aber trotzdem schon hell. Weil Sommer ist. Auf der Straße sind noch keine Leute, nur die Vögel sind bereits wach. Robin hört sie flöten und gurren und kreischen. Die gurrenden Vögel sind Tauben, das weiß Robin. Die kreischenden Vögel sind Möwen. Aber welche Vögel so wunderbar flöten, das weiß er nicht.

Eine Stimme von unten hat Robin geweckt. »Aufstehen!«, hat die Stimme gerufen. Und jetzt wieder: »Aufstehen! Kopf unters kalte Wasser!«

Robin setzt sich auf und sieht sich um. Was macht er in diesem fremden Bett? Was macht er in diesem fremden Zimmer? Es scheint ein großes Dachzimmer zu sein. Und wem gehört die Stimme? Ach ja! Onkel Piet! Es ist Onkel Piets Stimme!

Auf einmal weiß Robin alles wieder: Er ist nicht zu Hause, er ist nicht bei Opa und Oma in der großen Stadt, er ist bei Onkel Piet und Tante Miez im Dorf am Meer. Hier darf er eine ganze Woche lang wohnen, sieben Tage und sieben Nächte. Zusammen mit … Wo sind Opa und Oma? Robin blickt sich suchend um.

Am anderen Ende des Zimmers sieht er noch ein Bett. Ein breites Bett. Mit zwei großen Hubbeln in der Decke. Auf den Kopfkissen liegen zwei graue Haarschöpfe. Auf jedem Kissen einer.

»Hallo, Opa«, sagt Robin leise. »Opa …«

Der Schopf auf dem einen Kissen bewegt sich. Ein Gesicht wendet sich Robin zu. Opas Gesicht. Opa blinzelt.

»Wir müssen aufstehen, Opa«, sagt Robin.

»Du musst aufstehen, ich nicht«, sagt Opa. »Ich bleibe noch eine Weile gemütlich bei Oma liegen.«

»Aber Onkel Piet hat gerufen.«

»Dich hat er gerufen, mich nicht«, sagt Opa. »Du musst arbeiten. Ich kann noch zwei Stunden schlafen.« Opa dreht sich um und schläft gemütlich neben Oma weiter.

So was aber auch!

»Bist du wach, Robin?«, ruft Onkel Piet von unten.

»Ja!«, ruft Robin.

»Kopf unters kalte Wasser, das machen alle Milchmänner!«

Robin steht auf, hält den Kopf ins Waschbecken und lässt Wasser darüberlaufen. Es ist so kalt, dass es an den Haaren wehtut. Dafür macht es aber richtig wach.

Robin zieht sich an. Dann nimmt er Schnuff, trägt ihn zu dem breiten Bett und legt ihn zwischen die Köpfe von Opa und Oma.

»Viel Spaß«, murmelt Opa.

»Dir auch«, sagt Robin.

Robin geht die Treppe hinunter.

Onkel Piet steht in der Küche. Er trägt eine braune Jacke. Oder ist die Jacke gelb? Robin ist sich nicht ganz sicher. Dann aber weiß er es: gelbe Vanillesoße und braune Schokoladensoße durcheinandergerührt – genau diese Farbe ist es.

»Guten Morgen, Kollege«, sagt Onkel Piet. »Willst du zehn oder zwanzig?«

Was meint er damit?

»Willst du zehn oder zwanzig belegte Brote?«

Darüber muss Robin erst einmal nachdenken. Zehn ist viel, aber zwanzig ist noch mehr.

»Zehn«, sagt Robin.

»Kleine Buben, kleine Bäuche«, brummt Onkel Piet.

»Wie viele nimmst du?«, fragt Robin.

»Zwei«, sagt Onkel Piet, »aber als ich jung war, hab ich immer zwanzig genommen.«

Jung ist Onkel Piet nicht mehr, das steht fest. Sein Gesicht sieht aus wie die Rinde eines Birnbaums, voller Linien und Runzeln und Falten, und sein eines Auge ist ein bisschen schief. Aber er hat ein nettes Gesicht, findet Robin.

Onkel Piet packt zwölf belegte Brote in eine Papiertüte, zehn für Robin und zwei für sich selbst. Dann gehen sie zusammen aus dem Haus.

Eigentlich ist Onkel Piet nicht Robins Onkel, sondern sein Großonkel. Ein Großonkel, das ist ein Onkel von Mama oder Papa. Robin weiß das, weil Papa es ihm erklärt hat. Onkel Piet ist Robins Großonkel und Tante Miez ist Robins

Großtante. Sie ist Omas Schwester und Papas Tante und Robins Großtante. So ist das. Tante Miez heißt in Wirklichkeit Margje, aber alle nennen sie Miez, obwohl sie keine Katze ist und auch keine Katze hat. Tante Miez steht den ganzen Tag im Laden, und Onkel Piet fährt jeden Tag auf seinem Kastenrad im Dorf herum und verkauft den Leuten Milch an der Haustür.

Der Laden ist noch geschlossen, weil es so früh ist, aber Onkel Piet macht sich schon auf den Weg. Und Robin darf mit.

Vor der Ladentür steht das Kastenfahrrad. In dem braunen Holzkasten sind Metallkannen mit Milch und Kisten mit Flaschen, in denen Milch, Buttermilch, Sahne und Joghurt ist. Außerdem ein Karton mit Butter, Eiern und Käse darin. Der Kasten ist ziemlich voll. Nur ein klitzekleiner Platz ist noch frei. Da darf Robin sitzen.

»Warum hast du ein Kastenfahrrad?«, fragt Robin. »Warum hast du kein großes Auto?«

»Schau dir mal die Straßen in unserem Dorf an«, sagt Onkel Piet. »Die sind so klein und schmal, da kommt man mit einem großen Auto nicht durch. Das würde an jeder Ecke zwischen den Häusern stecken bleiben, und man müsste feste schieben und ziehen, um es wieder freizubekommen. Das dauert leicht eine Stunde oder einen Tag oder eine Woche … Und bis dahin ist die Milch sauer.«

Robin nickt. Das versteht er. Er klettert in den Kasten. Onkel Piet setzt sich auf den Sattel, löst die Handbremse und tritt in die Pedale. Langsam fährt das Rad los.

Robin und Onkel Piet sind ganz allein in den schmalen Dorfstraßen. Es ist immer noch früh, aber die Sonne steht schon über den roten Dächern der weißen Häuser. Der Himmel ist rosa. Wunderschön! Robin und Onkel Piet sehen es als Einzige, denn alle anderen Leute schlafen noch. Und in dem rosa Morgenlicht fliegen weiße Möwen.

Die Schaufenster der Läden, an denen sie vorbeikommen, sind wie Spiegel. Darin sieht Robin ein Kastenfahrrad. Im Kasten sitzt ein Junge. In der Fensterscheibe winkt er seinem Großonkel zu. Der Großonkel winkt zurück. Dann sehen sie einander richtig an, Robin und Onkel Piet. Und sie lachen.

Pavillon

»Erst fahren wir zum Pavillon«, sagt Onkel Piet.

Robin weiß nicht, was ein Pavillon ist. Aber das macht nichts, denn Onkel Piet erklärt es.

»Im Sommer kommen viele Leute in unser Dorf, um Urlaub zu machen«, sagt er. »Sie kommen aus dem ganzen Land und oft von noch weiter her, aus England und Deutschland. Es gefällt ihnen hier sehr gut. Sie verbringen den ganzen Tag am Strand, um sich von einem Jahr harter Arbeit zu erholen. Sie liegen auf ihren Handtüchern in der Sonne, damit sie braun werden, sie bauen Sandburgen und schwimmen im Meer. Ab und zu bekommen sie Hunger oder Durst, aber weil sie Ferien haben, sind sie zu bequem, selber zu kochen. Dann essen sie in einem Restaurant am Strand. Solch ein Restaurant nennt man einen Pavillon, einen Strandpavillon. Du siehst das gleich, wenn wir da sind.«

Als sie an das Ende einer schmalen Straße kommen, sieht Robin auf einmal … das Meer!

Die Straße hört hier auf. Ein schmaler Pfad führt durch die Dünen zum Strand.

»Halt dich fest!«, ruft Onkel Piet Robin zu.

Das Kastenrad saust den abschüssigen Weg hinab. Wenn Robin sich nicht gut festhält, purzelt er aus dem Kasten und gerät womöglich unter die Reifen. Das will er auf keinen Fall. Darum hält er sich ganz fest.

»Brrr … langsam … kusch!«, ruft Onkel Piet seinem Rad zu.

Er stellt sich auf die Pedale und tritt mit aller Kraft auf die Rücktrittbremse, damit das Rad nicht zu schnell wird. Klar, denkt Robin, wenn das Rad nämlich zu schnell wird, rasen wir über den Strand geradewegs ins Meer hinein.

Aber das passiert nicht. Sie kommen heil unten an. Vor dem Pavillon hält Onkel Piet.

Der Pavillon steht auf hohen Holzpfählen. Eine breite Bohlentreppe führt zur Terrasse hinauf. Der Pavillon ist ganz aus Holz gebaut. Aus Holz und

Glas. Hier sind alle schon wach. Zwei Frauen putzen die großen Fenster. Am Strand stellen drei Männer Liegestühle auf.

»Klasse Wetter, Piet«, sagen sie lachend. Sie reiben Daumen und Zeigefinger aneinander. Es sieht aus, als würden sie Geld zählen. Robin versteht, was sie meinen: Wenn schönes Wetter ist, kommen viele Leute an den Strand und die wollen alle Eis und Kaffee und Limonade und Bier und Pommes frites und dann verdienen die Männer vom Pavillon eine Menge Geld. Klasse Wetter bedeutet viel verdienen.

»Ist das dein Enkel, Piet?«, fragt einer der Männer.

»Nicht meiner«, sagt Onkel Piet, »er ist der Enkel von Miez' Schwester.«

Onkel Piet hebt Kisten mit vollen Flaschen aus dem Kasten und die Männer tragen sie die Treppe hinauf, in den Pavillon. Dann kommen sie mit Kisten mit leeren Flaschen wieder und stellen diese so schwungvoll in den Kasten, dass es klirrt und kracht. Robin darf nicht helfen, weil die Kisten zu schwer für ihn sind.

»Nachher kannst du helfen, Kollege«, sagt Onkel Piet. »Es gibt noch jede Menge Arbeit.«

Robin schaut zum Pavillon hinauf. Hinter einem der Fenster steht ein Mädchen. Wo kommt sie auf einmal her?

Sie schaut zu Robin. Sie sieht lieb aus. Sie hat kurze weißblonde Haare und trägt eine Brille. Die Brille sitzt ein bisschen schief auf der Nase. Das Mädchen schaut herunter und Robin schaut hinauf. Ihre Blicke treffen sich. Dann winkt das Mädchen. Ganz zart nur. Nicht wie ein Seemann, der auf große Fahrt geht, sondern wie ein Mädchen, das einen Hund streichelt. Sie hebt nicht einmal den Arm hoch, so zart ist ihr Winken. Trotzdem bemerkt Robin es.

Ihm wird ganz warm. Er kann, er will, er wird … Robin dreht sich um und packt eine Kiste mit vollen Flaschen, um sie aus dem Kasten zu wuchten. Aber Pustekuchen! Die Kiste ist wirklich viel zu schwer. Robin zieht und zerrt, doch sie bewegt sich nicht.

»Lass das, Kollege!«, ruft Onkel Piet. »Hör auf! Du brichst dir ja das Kreuz. Nachher darfst du helfen. Nachher, hab ich gesagt!«

Robin lässt die Kiste los. Er traut sich nicht mehr, das Mädchen anzuschauen.

Aus dem Augenwinkel späht er zum Pavillon. Aber das Mädchen ist weg. Hinter dem Fenster steht niemand mehr.

»Komm«, sagt Onkel Piet, »wir testen mal, wie kalt das Wasser ist.«

Er nimmt Robin an der Hand und zusammen gehen sie über den Strand. Er ist jetzt vollkommen leer. Die Männer sind in den Pavillon gegangen, das Mädchen ist auch drinnen und die Urlauber liegen immer noch in ihren Betten. Der Strand ist so leer wie ein Schulhof in den Ferien.

Onkel Piet setzt sich in den Sand. Nicht weit vom Wasser. Er testet aber nicht, wie kalt das Wasser ist. Nachdem er sich hat plumpsen lassen, holt er ein belegtes Brot aus der Tüte in seiner Tasche. Robin bekommt nichts.

»Vor dem Schwimmen darf man nicht essen«, sagt Onkel Piet.

Wieder kramt er in seiner Tasche und nimmt dann ein Handtuch heraus. Es ist Robins Handtuch. Das blaue Handtuch, das Mama für ihn genäht hat. Onkel Piet greift noch einmal in die Tasche.

Was holt er jetzt heraus? Eine Badehose. Es ist Robins Badehose. Die Badehose, die er sich gestern im Laden selbst ausgesucht hat. Seine neue rote Badehose.

»Fang!«, ruft Onkel Piet.

Er wirft Robin das Handtuch und die schöne neue rote Badehose an den Bauch und Robin legt die Arme darum. Gefangen!

Schnell zieht er sich aus und schlüpft in die Badehose.

»Schwimmst du nicht?«, fragt er Onkel Piet.

Der schüttelt den Kopf. »Nein«, sagt er, den Mund voller Käsebrot. »Ich kann nicht schwimmen.«

»Echt nicht?«

Onkel Piet zwinkert mit seinem schiefen Auge. »Kannst du es denn?«, fragt er.

»Fast«, sagt Robin.

»Dann darfst du fast bis zu den Knien ins Wasser«, sagt Onkel Piet.

Wie ein ausgelassener Hund rennt Robin in die Wellen.

»Kopf unters kalte Wasser!«, ruft Onkel Piet.

Kalt ist das Wasser tatsächlich, aber gerade das ist schön. Robin holt tief Luft, lässt sich vornüberfallen und taucht ab. Prustend kommt er wieder hoch. Er schaut schnell zum Pavillon hinüber, aber das Mädchen ist nirgends zu sehen. Dann schaut er zu Onkel Piet. Der winkt ihm mit seinem zweiten Brot zu.

Vielleicht beobachtet das Mädchen mich heimlich, denkt Robin, vielleicht späht sie mit ihrer schiefen Brille durch ein Schlüsselloch.

Wieder lässt er sich fallen, wieder taucht er ab. Eine große Welle wirft ihn an den Strand.

Robin lässt sich von den Wellen hin- und herrollen und schaut zwischendurch immer wieder zum Pavillon. Aber das Mädchen lässt sich nicht mehr blicken.

Dann eben nicht.

Robin geht zu Onkel Piet. Der reibt ihn mit dem Handtuch trocken. Richtig fest, bis Robin am ganzen Körper glüht.

Jetzt hat Robin einen Riesenhunger. Ein Brot nach dem anderen stopft er sich in den Mund. Mit Wurst, mit Marmelade, mit Käse … und alles schmeckt wunderbar. Die Brote verschwinden so schnell in seinem Bauch wie Briefe im Briefschlitz.

»Morgen«, sagt Robin zu Onkel Piet, »morgen nehme ich zwanzig Brote mit.«

»Recht hast du«, sagt Onkel Piet.

Milchmann!!!

»So«, sagt Onkel Piet, »jetzt darfst du mir helfen. Gern sogar. Das Fahrrad muss wieder rauf zur Straße.«

Onkel Piet steht neben seinem Kastenrad. Er legt eine Hand auf den Sattel und eine auf die Stange, mit der man lenkt. Robin steht am anderen Ende des Rads und stemmt beide Hände gegen den Holzkasten. Sie fangen an zu schieben. Sie schieben, bis sie keuchen und schwitzen.

Endlich ist das Rad oben und sie können ins Dorf fahren.

»Jetzt machst du Folgendes, Kollege«, sagt Onkel Piet. »Du klingelst an allen Häusern und sagst, dass der Milchmann da ist. Kannst du das?«

Das ist nicht schwer, solange die Klingeln nicht zu weit oben sind, denkt Robin.

»Hier fangen wir an«, sagt Onkel Piet.

Robin klettert aus dem Kasten. Er geht zur Tür des Hauses, vor dem sie halten. An die Klingel kommt er leicht heran. Er drückt darauf und eine Frau öffnet die Tür.

»Der Milchmann ist da«, sagt Robin.

Ganz höflich sagt er das.

»Zwei Flaschen Milch bitte, junger Mann«, sagt die Frau.

Auch ganz höflich.

Robin läuft zum Rad.

»Zwei Flaschen Milch«, sagt er zu Onkel Piet.

Onkel Piet gibt ihm die Flaschen. Robin trägt sie vorsichtig zum Haus.

»Bitte sehr.«

Die Frau gibt Robin Geld und ein Bonbon.

»Das Bonbon ist für dich«, sagt sie, »weil du Piet so fleißig hilfst. Aber das Geld bekommt Piet.« Die Frau lacht.

»Danke schön«, sagt Robin.

Robin gibt erst Onkel Piet das Geld, dann steckt er das Bonbon in den Mund und klingelt danach am nächsten Haus.

Diesmal öffnet ein Mann.

»Der Milchmann ist da.«

»Ich komm schon, Junge«, sagt der Mann.

Er geht selbst zum Rad.

»Du bist spät dran, Piet«, sagt er.

»Ja«, sagt Onkel Piet, »ich bin spät dran, weil ich meinem Großneffen Robin Schwimmunterricht gegeben hab. Er ist jetzt auch Milchmann und Milchmänner müssen gut schwimmen können. Stell dir vor, Kees ... stell dir mal vor, alle Flaschen im Laden zerbrechen und die Milch überschwemmt den Laden, dann ....«

»... muss man gut schwimmen können«, sagt Kees und lacht.

Er nimmt eine Flasche Joghurt und sechs Eier. »Ich hab grade kein Geld«, sagt er.

»Macht nichts«, sagt Onkel Piet, »ich schreib's mir auf: eine Flasche Joghurt und sechs Eier. Dann zahlst du eben später. Einen schönen Tag noch.«

Kees geht wieder ins Haus. Onkel Piet schreibt sich nichts auf.

»Musst du das nicht aufschreiben?«, fragt Robin.

»Ich kann's mir merken«, sagt Onkel Piet. »Kees hat nicht besonders viel Geld.«

Robin klingelt am nächsten Haus. Ein Mädchen öffnet. Sie trägt das Haar in zwei Zöpfen und ihre Augen leuchten wie Lämpchen. Wie hellblaue Lämpchen. Als sie Robin ansieht, wird ihm schwindlig. Er bringt kein Wort heraus. Seine Zunge liegt im Mund wie ein toter Goldfisch. Er deutet auf Onkel Piet und das Kastenfahrrad.

»Mama!«, ruft das Mädchen. »Mama, der Milchmann ist da! Und ein Junge, der nicht sprechen kann!«

So was aber auch!

»Kann ich wohl!«, sagt Robin.

»Dann ist's ja gut«, sagt das Mädchen und verschwindet im Haus.

In dieses Mädchen verliebe ich mich auf keinen Fall, denkt Robin.

Die Mutter kommt an die Tür. Sie kauft ein Pfund jungen Käse.

Robin und Onkel Piet fahren weiter. Allmählich wird es warm im Dorf. Warm und voll. Aus allen Häusern und Hotels kommen Leute. Die meisten haben wenig an. Die Kinder tragen nur eine Badehose oder einen Badeanzug, sie gehen barfuß und haben Schwimmreifen um die Bäuche. So warm ist es in den schmalen Straßen.

Robin sieht Hunderte Mädchen, eines schöner als das andere. Er vergisst das Mädchen mit den Zöpfen und das Mädchen mit der schief sitzenden Brille, er vergisst Sofie und Frau Tineke, er vergisst Nellie. Mannomann, sind das Mädchen! Robin guckt sich die Augen aus.

Manche Mädchen werfen Robin einen Blick zu, und wenn er mit dem Rad ein Stück weiter ist, sieht er sich um, um festzustellen, ob die Mädchen sich umsehen, um festzustellen, ob Robin sich umsieht, um festzustellen, ob die Mädchen sich umsehen, um festzustellen … Robin wird ganz hibbelig. So viele schöne Mädchen!

»He, Robin«, sagt Onkel Piet. »Bist du festgewachsen? Ich dachte, du willst mir helfen!«

Schnell klettert Robin aus dem Kasten und klingelt an der nächsten Haustür. Eine Frau öffnet.

»Der Milchmann ist da«, sagt Robin höflich.

»Das seh ich selber«, sagt die Frau. »Was hast du damit zu tun, du Rotznase! Geh spielen.«

Robin bekommt einen Riesenschreck.

»Na na, was soll das denn!«, sagt Onkel Piet. »Das ist mein Großneffe Robin. Mein Kollege. Er ist auch Milchmann, und zwar ein richtiger, guter Milchmann.«

Die Frau mustert Robin, immer noch etwas ärgerlich.

»Kann ich doch nicht wissen!«, sagt sie. »Ich möchte eine Flasche saure Sahne.«

»Eigentlich brauchen Sie keine saure Sahne«, sagt Onkel Piet. »Sie sind schon sauer genug!«

Er verkauft der Frau trotzdem die Sahne. Dann geht er mit großen wütenden Schritten zum Rad zurück und setzt sich auf den Sattel. Robin klettert schnell in den Kasten. Sie fahren los und biegen um die Ecke.

»Du machst deine Sache gut, Robin«, sagt Onkel Piet. »Ich bin stolz auf dich, aber weißt du, was richtige Milchmänner machen? Die sagen nicht höflich ›Der Milchmann ist da‹, nein, die schreien einfach MILCHMANN! Ganz laut MILCHMANN! Mach das mal.«

»MILCHMANN!«, ruft Robin.

»Sehr gut«, sagt Onkel Piet, »jetzt noch mal, aber lauter.«

Robin schreit, so laut er kann: »MILCHMANN!!!«

Onkel Piet hält sich lachend die Ohren zu, die Tauben auf den Dächern fliegen auf und alle schönen Mädchen sehen sich nach Robin um.

So ist es gut.

Geld

In den Kannen ist keine Milch mehr, in den Kisten sind keine vollen Flaschen mehr und im Karton sind weder Butter noch Eier noch Käse.

Alles ist alle. Verkauft. Die Arbeit ist getan. Robin und Onkel Piet fahren durch die schmalen Dorfstraßen zurück zum Laden. Onkel Piet pfeift ein Lied, und Robin versucht auch zu pfeifen, aber das klappt nicht. Er kann es immer noch nicht. Deshalb summt er ein Kinderlied vor sich hin.

Bums, aua!

Onkel Piet hat ganz plötzlich angehalten. Jetzt stellt er das Rad vor dem Schaufenster des Ladens ab. Er zieht die Handbremse fest an. So, nun kann das Rad nicht wegrollen.

Robin rennt in den Laden. Tante Miez steht hinter der Verkaufstheke.

»Na, Robin«, sagt sie, »war es schön?«

Robin nickt.

Onkel Piet kommt herein.

»An einem Morgen«, sagt er, »an einem einzigen Morgen ist Robin der beste Milchmann von Westeuropa geworden. Stoß mal deinen fürchterlichen Schrei aus.«

»So laut wie draußen?«, fragt Robin.

»So laut du kannst.«

Robin holt tief Luft und schreit: »MILCHMANN!!!«

Drinnen klingt es noch lauter als draußen. Alle Flaschen klirren und Tante Miez duckt sich vor Schreck hinter der Theke.

Langsam kommt ihr Kopf wieder zum Vorschein.

»Liebe Güte«, sagt sie. »Das weckt ja Tote auf!«

Und dann lacht sie los!

Von allen Leuten, die Robin kennt, kann Tante Miez am besten lachen. Die Tränen laufen ihr aus den Augen, sie prustet vor Vergnügen, sie schnieft und schnaubt und schnauft – eine halbe Ewigkeit. Und die ganze Zeit kann sie kein Wort sagen. Weil sie so furchtbar lachen muss.

Endlich ist es vorbei. Tante Miez reibt sich die Augen und die Brille mit ihrer Schürze trocken. Dann sieht sie Robin an.

»Milchmann«, sagt sie und fängt schon wieder an zu kichern.

»Stopp!«, ruft Onkel Piet.

Gerade noch rechtzeitig. Hätte Onkel Piet nichts gesagt, dann hätte Tante Miez weitergelacht, womöglich ihr ganzes restliches Leben lang.

Ein Kunde betritt den Laden. Er spricht eine fremde Sprache, aber Tante Miez versteht ihn trotzdem.

»Ä pies of tschies plies«, sagt der Kunde.

»Of kohrs«, sagt Tante Miez, »ein pies vom tschies, sehr gern.«

Robin bewundert Tante Miez.

»Ist das Englisch?«, fragt er.

»Jes«, sagt Tante Miez. Sie schneidet ein großes Stück Käse für den Engländer ab.

Onkel Piet geht hinter die Theke. Er drückt auf einen Knopf an der Kasse und die Schublade mit dem Geld springt auf. Onkel Piet nimmt eine Handvoll Fünf-Cent-Stücke heraus.

»Hosentasche, öffne dich«, sagt er zu Robin.

Robin hält seine Hosentasche weit auf. Onkel Piet lässt das Geld hineingleiten. Nicht eine Münze landet auf dem Fußboden.

»Das hast du dir ehrlich verdient, Kollege«, sagt Onkel Piet. »Du hast heute tüchtig gearbeitet!«

Onkel Piets Hand ist leer, aber Robins Hosentasche ist noch längst nicht voll. Da greift Onkel Piet noch einmal in die Geldschublade. Er holt noch mehr Fünf-Cent-Stücke heraus und lässt auch die in Robins Hosentasche gleiten. Nun ist die Tasche voll. Nicht eine Münze passt mehr rein.

»Wie ich's mir gedacht habe«, sagt Onkel Piet. »Deine Hosentasche hat genau die richtige Größe.«

»Bai-bai«, sagt der englische Kunde.

»Bai-bai«, sagt Tanze Miez.

Der Mann verlässt den Laden. Mit einem großen Stück Käse.

»So«, sagt Tante Miez, »möchte jemand ein Glas Milch?«

»Ich nicht«, sagt Onkel Piet. »Milchmänner mögen keine Milch.«

»Ich auch nicht«, sagt Robin.

Sie gehen in das Zimmer neben dem Verkaufsraum. Robin hat ein bisschen Schlagseite, so reich ist er.

Onkel Piet gießt sich ein Schnäpschen ein, Robin bekommt Coca-Cola. Sie setzen sich einander gegenüber in bequeme Sessel.

Robin trinkt einen Schluck von seiner Cola. Einen kleinen Schluck. Es prickelt in der Nase und im Mund. Und es prickelt auch – ganz komisch ist das – es prickelt auch in den Augen. Robin stellt sein Glas neben dem Sessel ab und macht die Augen zu. Ganz kurz nur. Zumindest hat er das vor. Aber auf einmal ist er am Strand.

Ist das wirklich der Strand? Robin sieht weit und breit kein Meer. Er sieht nur Sand. Plötzlich weiß er es: Er ist in der Wüste! Er ist in der Wüste und reitet auf einem Dromedar! Überall stehen Kakteen mit schönen weißen Blüten. Nein, es sind Mädchen mit weißen Schleifen im Haar. Als Robin an ihnen vorüber reitet, ziehen sie die Schleifen ab, sodass ihnen das prächtige Haar über die Schultern fällt, und sie winken mit den Schleifen und sie lachen und auf all die vielen Mädchen scheint die Sonne. Robin winkt zurück und reitet weiter auf seinem Dromedar.

Auf seinem Traumedar.

Juppidu

Robin wacht auf, weil er Geklapper von Flaschen hört. Onkel Piet schleppt draußen Kisten herum. Vielleicht fahren sie wieder Milch aus!

Robin springt auf. Er stürzt fast, so schwer ist seine geldgefüllte Hosentasche. Aus Versehen stößt er das Glas Cola neben seinem Sessel um. Aber niemand ärgert sich darüber. Schnell aufwischen und fertig ist die Laube. Das Glas ist nicht zerbrochen. Robin rennt ins Freie.

»Na, Kollege, gut geschlafen?«, fragt Onkel Piet.

»Ich schon«, sagt Robin. »Hast du auch gut geschlafen?«

»Wie ein Stein«, sagt Onkel Piet.

Er nimmt eine Kiste mit leeren Flaschen vom Rad und trägt sie zum Abstellplatz neben dem Laden. Dort stapeln sich die Kisten. Robin nimmt auch eine Kiste mit leeren Flaschen vom Rad. Sie ist schwer, aber er schafft es.

»Lass das!«, sagt Onkel Piet. »Sonst brichst du dir das Kreuz, Kollege!«

Robin trägt die Kiste trotzdem zum Abstellplatz. Er bricht sich nicht das Kreuz. Und auch sonst nichts.

»Alle Achtung!«, sagt Onkel Piet. »Du bist ja bärenstark!«

Er nimmt Robin die Kiste ab und stellt sie ganz oben auf den hohen Stapel. Robin rennt zum Rad zurück. Und da … stehen Opa und Oma. Stimmt: Die sind ja auch hier! Das hätte Robin fast vergessen. Schnell gibt er den beiden einen dicken Kuss.

»Wie steht's, Piet, kannst du deinen Knecht heute Nachmittag entbehren?«, fragt Opa.

»Nein«, sagt Onkel Piet, »ab-so-lut nicht. Guck nur, wie er Kisten schleppt! Er ist ungeheuer stark. Ich komme keinen Tag mehr ohne ihn aus.«

»Wie schade«, sagt Opa. »Wir wollten nämlich mit ihm an den Strand, aber das geht dann nicht.«

»Doch!«, ruft Robin.

Auf dem Kastenrad mitfahren macht Spaß, aber mit Opa und Oma an den Strand gehen, macht noch mehr Spaß.

»Komm nicht zu spät nach Hause, Kollege«, sagt Onkel Piet zu Robin. »Morgen früh musst du um fünf raus. Kopf unters kalte Wasser.«

Kurz darauf gehen Robin und Opa und Oma durchs Dorf. Erst die ruhige Straße entlang, in der Onkel Piet und Tante Miez wohnen, dann durch eine geschäftige Einkaufsstraße. Robin hat eine kurze Hose an und ein dünnes T-Shirt mit lustigen weißen und blauen Streifen. Unterm Arm trägt er ein zusammengerolltes Handtuch. Darin ist seine Badehose, seine schöne neue rote Badehose. Robins andere Hand liegt in der von Opa. Hand in Hand gehen sie durch die belebten Straßen. An Opas anderer Seite geht Oma. Sie hat sich ein Taschentuch auf den Kopf gelegt, ein Taschentuch mit verknoteten Zipfeln. Oma verträgt die Sonne nicht besonders gut. Sie hat auch eine Sonnenbrille auf. Oma hat sich bei Opa untergehakt. So gehen sie in Richtung Strand: Hand in Hand und Arm in Arm.

Da ist schon die breite Uferstraße. Nach links und nach recht schauen, dann schnell hinüber und die breite Treppe hinab.

Oma trägt eine Tasche mit zwei Schaufeln und einer Menge Essen und Trinken.

Am Strand ist es voll. Tausende Menschen sind da, vielleicht sogar eine Million.

»Opa, kannst du englisch sprechen?«, fragt Robin.

»Das kann ich«, sagt Opa. »Wan, tu, juppidu!«

Robin probiert es auch: »Wan, tu, juppidu.«

»Sehr gut«, sagt Opa, »wan, tu, juppidu.«

»Wan, tu, juppidu!«, sagt Robin.

»Wan, tu, juppidu«, sagt Opa. Er macht ein Lied daraus: »Wan, tu, juppidu, wan, tu, juppidu, wan, tu, juppidu.« Er lässt Robin und Oma los und führt einen Tanz auf: »Wan, tu, juppidu.«

Alle Urlauber am Strand sehen her.

Opa und Oma und Robin finden ein freies Plätzchen nicht weit vom Wasser. Opa und Oma breiten große Handtücher aus, sie wollen sich hinlegen. Robin zieht seine Kleider aus und schlüpft in seine Badehose, er will schwimmen. Und das macht er. Wie ein Hund stürzt er sich in die Wellen. Er taucht ab! Das Wasser ist schön kalt und die Wellen klatschen – plitsch-platsch – an seinen Körper.

Opa und Oma liegen auf ihren Handtüchern, Opa in seiner Badehose, Oma in ihrem Badeanzug. Sie winken Robin zu. Robin winkt zurück. Wusch – schon wieder taucht er ab. Robin tanzt und springt und purzelt herum, bis er völlig außer Atem ist. Dann geht er zu Opa und Oma.

»Pssst!«, macht Oma. »Opa schläft.«

Stimmt. Opas Augen sind geschlossen und sein Mund steht ein wenig offen. Opa schnarcht: Grrr, grrr, hört Robin.

Oma legt Robin ein Handtuch um die Schultern und gibt ihm eine Banane. Robin isst ganz leise, damit Opa nicht wach wird. Aber Opa wird trotzdem wach. Denn vom blauen Himmel fällt plötzlich ein Fußball herab. Der Ball kommt von weit oben und landet – ploff! – mitten auf Opas Bauch.

»Hmpf«, macht Opa und fährt hoch. Mit dem Ball in den Händen. Dann reibt er sich die Augen. »Grumpf-grumpf«, macht er und »grummel-grummel.«

Ein Stück weiter stehen mehrere große Jungen. Der Ball gehört ihnen. Sie lachen. Der größte von ihnen geht auf Opa zu und streckt die Hand aus.

»Plies«, sagt er. Er möchte den Ball wiederhaben.

Aber Opa gibt den Ball nicht her. Er steht auf und ruft: »Wan«, er ruft: »Tu«, und Robin ruft: »Juppidu!«

Und dann gibt Opa dem Ball einen Tritt ... einen ungeheuer kräftigen Tritt. Der Ball fliegt steil in die Luft. Ganz hoch. So hoch wie noch kein Ball zuvor. Robin wusste nicht, dass Opa so hoch kicken kann. Einen Moment lang steht der Ball neben der Sonne still. Die Jungen johlen und klatschen in die Hände. Sie sind begeistert.

Es dauert eine halbe Ewigkeit, bis der Ball wieder runterkommt. Der größte Junge fängt ihn auf. »Senk ju!«, ruft er. Dann spielen die Jungen weiter Fußball.

Opa nickt zufrieden.

»Komm«, sagt er zu Robin, »jetzt graben wir eine tiefe Kuhle.«

Qualle

Opa nimmt eine kleine Schaufel und beginnt, im Sand zu graben. Robin nimmt auch ein Schäufelchen und gräbt mit. Wird es eine Kuhle oder wird es ein Berg? Beides. Eine tiefe Kuhle und daneben ein hoher Berg.

»Eine Burg!«, ruft Robin. »Opa, wir bauen eine Burg!«

»In Ordnung«, sagt Opa. »Dann heben wir jetzt den Graben aus. Den Burggraben.«

Sie graben eine tiefe Rinne um den Berg herum. Den Sand aus der Rinne werfen sie auf den Berg. Der Berg wird immer höher. Als der Burggraben fertig ist, machen sie aus dem Berg eine Burg. Sie bauen hohe Mauern und noch höhere Türme. Es wird eine große Burg. Mit einem Tor und mit Fenstern.

»Jetzt die Zinnen«, sagt Robin.

»Die Zinnen«, sagt Opa. »Gut, dass du daran denkst.«

Ist doch logisch, denkt Robin. Schließlich weiß er alles über Ritter.

Sie machen kleine viereckige Blöcke aus Sand auf die Mauern. Das sind die Zinnen. Dahinter können die Ritter sich verstecken, wenn sie ihre Pfeile auf den Feind schießen.

Drüben, am Wasser, erklingen hohe Schreie. Robin schaut hin. Da sind sie wieder, die schönen Mädchen. Die Mädchen in ihren bunten Badeanzügen, die Mädchen mit ihren blonden oder roten oder braunen oder schwarzen Haaren. Die Mädchen mit ihren Brillen oder ihren Sommersprossen, die Mädchen mit ihrer hellen oder ihrer gebräunten Haut. Sie stehen im Kreis um einen Jungen herum.

Der Junge ist ein Stück größer als Robin. Er ist sehr braun und trägt eine blaue Badehose. Seine Haare sind zerzaust. In der einen Hand hält er eine riesige Qualle, eine blaue Qualle mit langen Fäden. Der Junge grinst immer wieder schelmisch und geht ein Stück vorwärts. Dann hält er die Hand mit der Qualle einem Mädchen hin, das kreischend davonläuft.

Robin hätte auch gern eine blaue Badehose an. Er wäre auch gern so braun. Er würde sich auch gern trauen, eine Qualle mit bloßen Händen anzufassen.

Und er würde auch gern inmitten der vielen Mädchen stehen. Robin wäre gern der Junge.

»Bist du müde vom Bauen?«, fragt Opa.

»Nein, ich gucke«, sagt Robin.

Opa guckt auch.

»Lauter hübsche Mädchen«, sagt Opa. »Welche gefällt dir am besten? Das kleine Pummelchen?«

»Alle«, sagt Robin und seufzt. »Die machen mich verrückt.«

Wegen des grellen Sonnenlichts kneift Robin die Augen zu Schlitzen. Er späht durch die Wimpern. So sind die Mädchen noch schöner. Es sieht aus, als würden sie um den Jungen herumtanzen. Ihre Schreie klingen auf einmal wie ein Lied. Robin möchte zu den Mädchen hinlaufen, aber das traut er sich nicht. Er möchte ihnen etwas geben, er möchte ihre Hände halten. Er möchte eine Burg für sie bauen, in der sie wohnen können.

»Die Mädchen machen mich ganz zapplig«, sagt er.

Opa lacht und fängt leise an zu singen:

»Ich liebe alle Frauen,

mein Herz ist viel zu groß,

mein Herz ist viel zu groß.

Damit bin ich geboren,

das werd ich nie mehr los,

das werd ich nie mehr los.«

»Das ist es!«, sagt Robin. »Mein Herz ist viel zu groß! Hast du das auch, Opa?«

»Nein«, sagt Opa. »Ich hab was anderes.«

»Was hast du?«

»Ich hab Oma.«

Oh ja.

Robin schaut wieder zu dem Jungen in der blauen Badehose. Er möchte gern dieser Junge sein. Aber noch lieber möchte er eines der Mädchen sein.

Dann würde der Junge auch auf ihn zugehen, mit seinem schelmischen Grinsen und mit der Qualle in der Hand. Dann könnte Robin laut schreien und davonlaufen. Und der Junge würde ihn verfolgen.

Robin schaut zum Himmel hinauf. Der Himmel ist genauso blau wie die Badehose des Jungen. Eine einzige Wolke ist zu sehen, eine wunderschöne weiße Wolke.

»Opa, warst du schon mal in eine Wolke verliebt?«, fragt Robin.

»Das passiert mir dauernd«, sagt Opa, »ich verliebe mich in alle Wolken. Und du?«

Robin nickt. Er fängt an zu singen:

»Ich liebe alle Wolken,
mein Herz ist viel zu groß,
mein Herz ist viel zu groß.
Damit bin ich geboren,
das werd ich nie mehr los,
das werd ich nie mehr los.«

Und Opa singt mit.

Robin singt:

»Ich liebe alle Wellen,
mein Herz ist viel zu groß,
mein Herz ist viel zu groß.
Damit bin ich geboren,
das werd ich nie mehr los,
das werd ich nie mehr los.«

Opa singt mit.

Robin singt:

»Ich liebe alle Quallen,
mein Herz ist viel zu groß,
mein Herz ist viel zu groß.
Damit bin ich geboren,
das werd ich nie mehr los,
das werd ich nie mehr los.«

Das singt Robin. Aber diesmal singt Opa nicht mit. In eine Qualle war Opa noch nie verliebt.

Königskinder

Robin verziert die Burg mit Muscheln, Opa baut eine Brücke über den Burg-graben, Oma macht hübsche Fahnen aus Stöckchen und Bananenschalen-streifen. Robin darf die Fahnen auf die Türme stecken. Als die Burg fertig ist, setzen sie sich auf ihre Handtücher. Sie essen Rosinenbrötchen und Orangen und trinken Limonade.

»Lecker«, sagt Robin.

»Jammi«, sagt Opa.

»Das ist Englisch«, sagt Oma.

»Wot du ju sink?«, fragt Opa.

»Jetzt musst du jammi sagen«, sagt Oma.

»Jammi«, sagt Robin.

»Wot du ju sink?«, fragt Opa.

»Jammi«, sagt Robin.

»Wot du ju sink?«

Robin will endlich wissen, was das alles bedeutet. Oma erklärt es ihm. Wot du ju sink bedeutet »Wie findest du das?« Und jammi bedeutet »lecker«. Nun versteht Robin es wenigstens.

»Wot du ju sink?«, fragt Opa.

»Jammi«, sagt Robin.

Und dann sagt Opa: »Da kommt das Meer.«

Robin blickt auf. Das Wasser ist viel näher gekommen! Wie kann das sein?

»Es ist Flut«, sagt Opa. »Bei Flut steigt das Wasser und läuft über den Strand. Und später, in ein paar Stunden, läuft das Wasser wieder ab, es zieht sich zu-rück. Das heißt Ebbe.«

»Flut und Ebbe«, sagt Robin, »Ebbe und Flut. Wieder was gelernt.«

Opa und Oma lachen.

»Huch! Unsere Burg!«, schreit Robin.

Die Wellen sind jetzt so nah, dass sie an die Burg plätschern.

»Nichts zu machen«, sagt Opa, »gleich stürzt sie ein, unsere Burg.«

Sie stehen auf und gehen zur Burg. Um zuzuschauen, wie sie einstürzt und wie lange es bis dahin dauert. Da kommt eine kleine Welle und da noch eine. Sie knabbern an den Mauern, Muscheln fallen ins Wasser, und die schöne Brücke, die Opa gebaut hat, bricht ein. Und da … kommt eine große Welle.

»Wan, tu«, sagt Opa.

Das Meer rauscht, die nächste große Welle schlägt gegen die Burg.

»Juppidu«, sagt Robin.

Die Fahnen fallen von den Türmen, die Türme sacken zusammen, die Mauern stürzen ein. Die Burg ist keine Burg mehr, sondern ein Berg aus nassem Sand. Aber niemand ärgert sich darüber. Alle lachen. Robin, Opa und Oma – sie lachen alle drei.

»Morgen bauen wir eine neue Burg«, sagt Opa.

»Noch schöner und noch größer«, sagt Oma.

»So groß, dass wir drin wohnen können«, sagt Robin.

Das ist abgemacht.

Am nächsten Tag bauen sie eine sehr große Burg und am Tag darauf eine noch größere Burg und danach eine gewaltige Burg und dann eine gigantische und eine kolossale Burg und am letzten Tag bauen sie die größte Burg am ganzen Strand.

Jeden Nachmittag gehen Robin und Opa und Oma an den Strand, um zu schwimmen und um Sandburgen zu bauen. Und um die Mädchen zu betrachten. Und jeden Morgen fahren Robin und Onkel Piet durchs Dorf. Mit dem Kastenrad. Dann ruft Robin ganz laut MILCHMANN!, und alle Mädchen schauen zu ihm her. Und jede Nacht liegen Robin und Schnuff im Dachzimmer von Onkel Piet und Tante Miez im Bett. Sie lauschen dem Meer und den Möwen in der Ferne und sie träumen von den Mädchen. So geht das sieben Tage und sieben Nächte lang.

Jetzt ist die siebte Nacht. Robin und Schnuff liegen zum letzten Mal im Dachzimmer im Bett. Schnuff schläft. Robin nicht. Robin ist hellwach. Er träumt nicht von den Mädchen und er lauscht nicht den Möwen und dem Meer in der Ferne, nein, er lauscht den Stimmen unten und er denkt an morgen. Morgen geht es wieder nach Hause … In das neue Haus. Das Haus von Herrn Elzen. Mama und Papa und Suse wohnen schon dort. Robin und Schnuff noch nicht. Robin und Schnuff wohnen erst ab morgen dort.

Bei Onkel Piet und Tante Miez ist es gemütlich. Jetzt sitzen die beiden mit Opa und Oma unten im Wohnzimmer. Onkel Jan und Tante Griet sind gekommen. Tante Griet ist auch eine Schwester von Oma. Sie spielen Karten. Das weiß Robin, denn als er vorhin Gute Nacht gesagt hat, lagen die Karten schon auf dem Tisch. Robin kann gut hören, was gesprochen wird, weil die Tür des Dachzimmers offen ist, aber er versteht nicht alles.

»Herz ist Trumpf«, sagt Tante Miez.

»Verflixt noch mal«, sagt Opa.

»Hosen runter«, sagt Onkel Piet.

»Wir machen euch alle«, sagt Onkel Jan.

Dann ist es unten still. Robin denkt an das neue Haus. Er bekommt ein Zimmer mit einer Tür, die zu einer Dachterrasse führt. Darauf kann er spielen. Wenn es nicht regnet. Es ist ein komisches Gefühl, dass sein altes Bett jetzt in einem neuen Haus steht.

»Und ein Bube«, sagt Opa.

»Dachte ich mir's doch, dass du nichts hast!«, sagt Tante Miez.

»Scherzkeks«, sagt Onkel Jan.

»Achtunddreißig«, sagt Onkel Piet.

Opa fängt an zu singen. Alle hören dem Lied zu, auch Robin. Opa singt:

»Es waren zwei Königskinder,

die hatten einander so lieb,

sie konnten beisammen nicht kommen,

das Wasser war viel zu tief.

Ach Liebster, könntest du schwimmen,

so schwimm doch herüber zu mir!

Drei Kerzen will ich anzünden,

und die soll'n leuchten zu dir.

Das hört ein falsches Nönnchen,

die tat, als wenn sie schlief;

sie tät die Kerzlein auslöschen,

der Jüngling ertrank so tief.«

Robin findet es schön, wenn Opa singt, aber er weiß nicht, was ein falsches Nönnchen ist. Was ertrank bedeutet, weiß er jedoch: Der Jüngling ist im tiefen Wasser ertrunken.

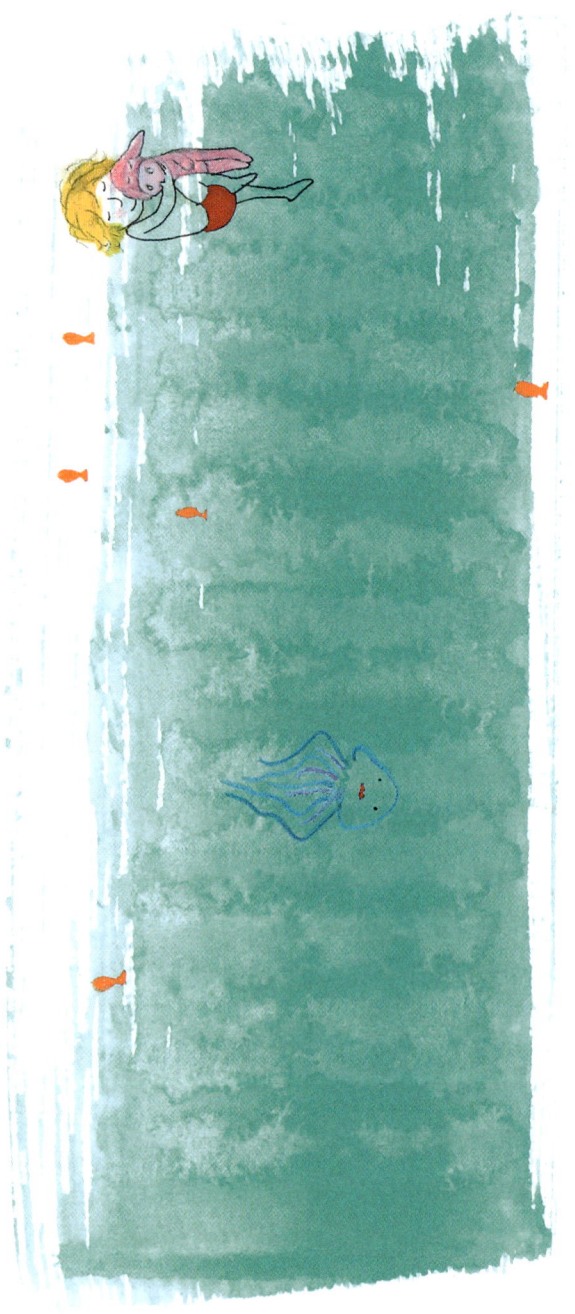

Robin denkt an Öhmchen. Er sieht sie in ihrem Wohnzimmer am Tisch sitzen. Sie trinkt eine Tasse Tee und dreht ein Lakritztoffee aus dem Papier. Dann steckt sie das Toffee in den Mund. Sie sieht fröhlich aus. Sie legt Spielkarten auf den Tisch und sagt: »Herz ist Trumpf.« Robin freut sich, dass er Öhmchen mal wieder sieht.

Opa singt:

»Die Mutter ging nach der Kirche,
die Tochter hielt ihren Gang;
sie ging so lang spazieren,
bis sie den Fischer fand.
Ach Fischer, liebster Fischer,
willst du verdienen groß Lohn,
so wirf dein Netz ins Wasser
und fisch mir den Königssohn.«

Jetzt begreift Robin nicht mehr, worum es in dem Lied geht. Wahrscheinlich ist er zu müde, um es zu begreifen. Er nimmt Schnuff fest in den Arm und schläft ein. Er träumt von Königskindern und von Sandburgen. Und von ganz tiefem Wasser.

Schuhe

Robin wacht auf. Wo ist er bloß? Im Dachzimmer von Onkel Piet und Tante Miez ist er schlafen gegangen und jetzt liegt er, mit Schnuff neben seinem Kopf, in seinem eigenen Bett, auf seinem eigenen Kissen, unter seiner eigenen Decke … in einem fremden Zimmer. Es ist fast dunkel im Zimmer, nur ein kleines Nachtlämpchen brennt. Robin sieht, dass es sein eigenes Nachtlämpchen ist, aber es ist an einer fremden Steckdose angeschlossen, neben einer fremden Tür. Robin war noch nie in diesem Zimmer!

»Schnuff«, flüstert Robin, »Schnuff, wo sind wir bloß?«

Schnuff meint, dass sie im Gefängnis sind.

»Träum schön weiter«, sagt Robin zu Schnuff und er denkt: Hat jemand mich bei Onkel Piet und Tante Miez aus dem Bett geholt und hierhergebracht? In dieses Zimmer, das ich noch nie im Leben gesehen hab? Und hab ich die ganze Zeit geschlafen? Nein, Moment … Es war anders.

Robin ist im Dachzimmer von Onkel Piet und Tante Miez schlafen gegangen und dort auch wieder aufgewacht. So war es. Er wachte auf, weil Onkel Piet »Kopf unters kalte Wasser!« rief. Und dann hat er mit Onkel Piet ein letztes Mal Milch ausgefahren und danach war er mit Opa und Oma ein letztes Mal am Strand und dann … dann sind sie in den Bus gestiegen. Robin und Opa und Oma.

Diesen ganzen Tag hatte Robin vergessen!

Jetzt aber weiß er alles wieder. Onkel Piet hat sie zum Bus begleitet. Er hat Robin einen Schuhkarton voller Fünf-Cent-Münzen gegeben. Das Geld, das Robin als Milchmann verdient hatte.

»Kannst du denn ohne mich Milch ausfahren, Onkel Piet?«, fragte Robin.

»Das wird schwierig«, sagte Onkel Piet, »du warst ein supertoller Milchmann, Kollege.«

»Aber jetzt muss ich wieder nach Hause«, sagte Robin.

»Ich weiß«, sagte Onkel Piet. »Wenn es dir aber in dem neuen Haus nicht gefällt, kommst du wieder und wohnst hier. Ich kann dich gut gebrauchen.«

So war es. Und jetzt weiß Robin auch, wo er ist: im neuen Haus!

Er steigt aus dem Bett und geht zur Tür. Über dem Nachtlämpchen ist der Schalter für das große Licht. Robin knipst das Licht an und schaut sich um. Er sieht seine eigenen Bücher in seinem eigenen Regal und seine eigenen Bilder an den Wänden. In einer Ecke steht sein eigener Tisch. Alles ist so wie im alten Haus und trotzdem ist alles anders. Robin läuft zum Fenster und zieht den Vorhang auf. Er schaut hinaus. Es ist Nacht. Aber der Mond scheint und der Himmel ist voller Sterne. Robin sieht die Schule.

Er ist wirklich im neuen Haus.

Neben dem Fenster ist eine Tür. Robin macht sie auf und geht ins Freie. Er steht auf einer Dachterrasse. Es ist nicht kalt draußen und im weißen Mondlicht kann Robin alles gut sehen. Er sieht den neuen Garten. Darin stehen zwei große Bäume und an einem davon, an einem dicken Ast, hängt seine Schaukel, seine eigene Schaukel. Er sieht eine hohe Hecke mit einem Durchgang; ein Plattenweg führt zum Schulhaus nebenan. Und hinter dem Garten sieht Robin einen breiten Wassergraben mit einem Zaun davor. Das ist praktisch, denkt Robin, so kann Suse nicht ins Wasser fallen. Im Garten steht auch ein Hühnerstall. Mit weißen Hühnern. Die hocken nebeneinander auf einer Stange und schlafen. Hier wohne ich jetzt, denkt Robin. Aber … wie bin ich hierhergekommen?

Mit Opa und Oma ist er in den Bus gestiegen, Onkel Piet winkte und dann fuhr der Bus los. Er fuhr durch das Dorf am Meer, an den Dünen entlang, durch eine Stadt, an Wiesen vorbei, durch andere Dörfer, über lange Straßen und wieder durch eine Stadt. Robin wurde immer schläfriger. Der Bus hielt auch noch dauernd an, sodass sie nur langsam vorankamen.

»Puh!«, sagte Opa. »Und jetzt kommt auch noch die unendliche Geschichte.«

»Was ist die unendliche Geschichte?«, fragte Robin.

»Das längste Dorf, das ich je gesehen habe«, sagte Opa. »Das Dorf besteht aus einer ellenlangen Straße, an der Häuser und Kirchen stehen. Es hört und hört nicht auf. Und da müssen wir ganz durch.«

Opa gähnte.

Oma gähnte auch.

Schnuff schlief auf Robins Schoß.

Robins Augenlider wurden so schwer wie Sandsäcke.

Sie fuhren durch das ellenlange Dorf und Robin schaute aus dem Fenster. Er sah Häuser und Kirchen und noch mehr Häuser und Kirchen und bei jedem Haus und jeder Kirche hielt der Bus an. Leute stiegen aus oder ein. Robin und Opa und Oma und Schnuff stiegen nicht aus oder ein. Sie blieben sitzen, wo sie waren. Stundenlang saßen sie schon im Bus. Und wieder hielt er an. Vor einem Gasthaus. Robin schaute aus dem Fenster. Er sah eine schmale Seitenstraße. Mit dünnen Bäumen.

Unter einem der Bäume war ein Mädchen. Sie stand neben einem Roller und hatte die Hände am Lenker. Es dämmerte schon und durch die Bäume fiel das letzte Sonnenlicht, genau auf das Mädchen. Ihr Blick war auf den Bus gerichtet, aber nicht auf die Räder oder die Stoßstange, nicht auf den Fahrer und auch nicht auf Opa und Oma, nein, sie schaute ihn an: Robin. Robin war sich ganz sicher.

Das Mädchen schaute ihn an und er schaute das Mädchen an.

Sie hatte zwei weiße Schleifen im Haar, und ihr Haar glänzte, als wäre es

aus Gold. Aus Gold, wie die Kugel auf dem Kirchturm in der großen Stadt. Wunder-wunderschön. Die Augen des Mädchens waren blau wie ein wolkenloser Himmel. Und sie hatte weiße Schuhe an.

Plötzlich hob das Mädchen die Hand. Als würde sie glauben, Robin zu kennen. Aber sie winkte nicht. Ihre Hand blieb in der Luft hängen. Als würde sie denken: Ach nein, den kenne ich doch nicht. Und dann sagte sie etwas. Robin konnte es nicht hören, aber er sah, dass ihr Mund sich bewegte. Was sagte sie wohl? Sagte sie … »vielleicht« oder … Das konnte doch nicht wahr sein? Sagte sie … »bis bald«?

Als die Bustür sich mit einem Zischen schloss, wachte Schnuff auf. Er setzte sich auf und guckte aus dem Fenster. Er sah das Mädchen mit den weißen Schuhen und … er sprang in die Luft. Mit einem Riesensatz. Sein Kopf knallte an die Decke.

»Was machst du da?«, fragte Oma.

»Schnuff ist verliebt«, sagte Robin.

Der Bus fuhr los. Die Nacht brach herein. Es war, als würde ein Riese seinen schwarzen Schirm aufspannen. Das Mädchen war unter dem Baum zurückgeblieben.

»In wen ist Schnuff verliebt?«, fragte Oma.

»In ein Mädchen«, sagte Robin. »Jetzt kannst du sie nicht mehr sehen.«

»Ein hübsches Mädchen?«

»Schnuff war noch nie so verliebt«, sagte Robin.

Oma streichelte Schnuff über den Kopf und Schnuff schlief auf Robins Schoß wieder ein.

Der Bus fuhr weiter durch die unendliche Geschichte, durch die Nacht, unter dem schwarzen Schirm des Riesen und dann, ja, dann schlief auch Robin ein.

Robin kann sich vorstellen, wie es weiterging: Er schlief ein, der Bus hielt endlich, endlich vor ihrem Haus, vor ihrem neuen Haus, Opa trug ihn aus dem Bus und Papa brachte ihn ins Bett. Oder Mama. In sein eigenes Bett. In dem fremden Zimmer. Und dort ist er aufgewacht. So muss es gewesen sein.

Und vorhin wusste Robin erst nicht, wo er war.

Jetzt aber weiß er, wo er ist.

Er steht auf der Dachterrasse des neuen Hauses und schaut zur Hecke und zur Schule und zur Schaukel am Baum und zum Wassergraben mit dem Zaun und zu den Hühnern auf ihrer Stange. Langsam werden seine Füße kalt.

Senf

Robin steht auf der Dachterrasse des neuen Hauses. Im weißen Mondlicht steht er da und er hat kalte Füße. Er will wieder in sein neues Zimmer gehen. Doch als er sich gerade umdreht, hört er Geräusche. Fröhliche Geräusche, nicht allzu weit entfernt.

Er hört Musik, er hört Bimmeln, er hört ein Gewirr aus vielen Stimmen und eine Stimme, die ganz allein ein Lied singt. Er hört Mopeds starten, er hört Rufe von Mädchen, er hört Kugeln, die Rosen in Plastikröhrchen abschießen. Es ist Jahrmarkt im Dorf!

Robin geht in sein Zimmer, sein fremdes Zimmer. Er läuft auf die fremde Tür neben dem Nachtlämpchen zu und öffnet sie. Er kommt auf einen fremden Flur und sieht eine fremde Treppe. Robin hält sich an dem fremden Geländer fest und geht die fremden Stufen hinab. Er kommt in eine fremde Diele. Dort sind vier fremde Türen. Welche soll er öffnen? Wo sind Mama und Papa? Soll ich rufen?, denkt Robin. Nein, das ist ein Abenteuer. Das Abenteuer des neuen Hauses. An der Garderobe hängen die Jacken von Mama und Papa. Also ist er jedenfalls im richtigen Haus.

Robin öffnet die erste Tür. Falsch. Fremde Küche. Niemand zu sehen. Zweite Tür. Fremdes Zimmer mit großen Fenstern. Niemand. Dritte Tür. Falsch. Fremdes kleines Zimmer mit Papas Schreibtisch. Auch niemand. Vierte Tür. Juhu, Treffer! Da sitzen Papa und Mama und Opa und Oma am Tisch. In einem fremden Zimmer. Sie gucken aber ganz normal.

»Na, mein Schatz«, sagt Mama, »wie findest du dein neues Zimmer?«

»Schön«, sagt Robin. »Ist Jahrmarkt?«

»Hat der Lärm dich aufgeweckt?«, fragt Mama. »Wir wohnen jetzt ganz nah am Festplatz.«

»Und an der Schule«, sagt Robin. »Wo ist mein Geld?«

Papa steht auf und geht in die Diele.

»Möchtest du ein Stückchen Käse?«, fragt Mama.

Das möchte Robin gern.

Mama steht auf und geht in die Küche.

Es ist mitten in der Nacht. Draußen ist Jahrmarkt. Drinnen, im neuen Haus, ist es still. Mama kommt wieder und bringt Käsewürfel und Senf mit und Papa stellt den Schuhkarton mit dem Geld auf den Tisch. Robin nimmt einen Käsewürfel und steckt ihn in den Mund. Senf mag er nicht. Er hebt den Deckel vom Karton.

»Was darf Suse schon?«, fragt er.

»Wie meinst du das?«, fragt Mama.

»Auf dem Jahrmarkt«, sagt Robin. »Darf sie schon Karussell fahren?«

»Dafür ist sie noch zu klein«, sagt Mama.

»Darf sie schon eine Zuckerstange haben?«

»Die ist zu hart für ihre Zähnchen.«

»Was darf sie dann?«

»Vielleicht hat sie ja Lust, dir zu winken, wenn du Karussell fährst«, sagt Mama.

»Das ist gut«, sagt Robin. Er nimmt eine Handvoll Fünf-Cent-Münzen aus dem Schuhkarton und legt sie auf den Tisch. »Die sind fürs Karussell«, sagt er. »Ich fahre und Suse kann mir winken.«

Er holt noch eine Handvoll Münzen aus dem Karton.

»Die sind für die Losbude«, sagt er. »Dann gewinne ich ein Kuscheltier für Suse. Was willst du, Opa?«

»Einen Hering«, sagt Opa, »auf einen Hering hätte ich Lust.«

Robin nimmt noch eine Handvoll Münzen heraus.

Für den Hering.

»Und du, Oma?«

»Gebrannte Mandeln.«

Wieder eine Handvoll Münzen. Für die gebrannten Mandeln.

»Und du, Mama?«

»Ich will an der Schießbude schießen.«

Handvoll Münzen. Schießbude.

»Und du, Papa?«

»Wollen wir zusammen Autoscooter fahren?«, fragt Papa.

Robin nickt.

»Aber das bezahle ich«, sagt Papa.

»Opa hat auch Geld für den Jahrmarkt gespart«, sagt Oma.

Robin kippt das restliche Geld aus dem Karton auf den Tisch.

»Guckt mal!«, sagt er. »Ich kann mir auch noch Zuckerwatte kaufen. Darf Suse da mal reinbeißen, Mama? Zuckerwatte ist nicht zu hart für ihre Zähnchen.«

»Na gut, einen winzigen Bissen«, sagt Mama. »Hattest du es denn schön bei Onkel Piet und Tante Miez?«

»Ja«, sagt Robin. »Zählen wir jetzt das Geld?«

»Es ist mitten in der Nacht«, sagt Papa. »Wenn du jetzt brav ins Bett gehst, zählen wir morgen früh das Geld und gehen am Nachmittag auf den Jahrmarkt.«

Das ist ein guter Plan.

Robin gibt allen einen dicken Kuss, dann bringt Papa ihn in sein neues Zimmer.

»Schau mal«, sagt Papa.

Er öffnet die Tür zur Dachterrasse.

»Hab ich schon gesehen«, sagt Robin. »Ich war sogar schon draußen. Fühl mal an meinen Füßen.«

Papa fühlt an Robins Füßen.

»Die sind ja kalt!«, sagt er.

»Der Mond ist kalt«, sagt Robin. »Die Sonne ist warm, der Mond ist kalt. Singst du mir noch mal dein Lied für Mama vor?«

Papa rubbelt Robins Füße warm und singt sein Lied für Mama:

»Der Frühling kommt wieder,
er kommt mit dem Wind,
weht uns um die Nase
so lau und so lind.
Die Sonne scheint wieder,
wärmt Haut und Gemüt
und lockt alle Blumen,
dass die Welt wieder blüht.«

»Schön«, sagt Robin.

Dann geht Papa wieder nach unten. Robin schiebt eine Hand in den Bezug seines Kopfkissens, seines eigenen Kopfkissens. Und er legt den Arm um Schnuff. Seinen eigenen Schnuff.

Herzchen

Robin wacht auf. Draußen ist es schon hell. Die Vögel singen, als würden sie gekitzelt. Heute ist etwas Schönes. Aber was war es gleich wieder? Gestern wusste Robin es noch. Es ist etwas ganz besonders Schönes …

Ach ja.

Robin packt Schnuff und steht vom Bett auf.

»Komm, Schnuff«, sagt er. »Wir zählen das Geld.«

Robin geht die neue Treppe hinab, all die neuen Stufen. Hinter einer der neuen Türen hört er Mama singen. Robin weiß schon, was hinter der Tür ist. Die Küche. Er öffnet die Tür. Mama steht am Herd. Sie hat Suse auf dem Arm und rührt in einem Topf mit Brei.

»Zählen wir jetzt das Geld?«, fragt Robin.

»Erst mal Guten Morgen«, sagt Mama. »Ich hab noch zu tun. Du kannst Papa wecken, der ist ganz wild aufs Geldzählen.«

»Wo sind Opa und Oma?«, fragt Robin.

»Die schlafen auch noch.«

»Ich geh mir mal die Hühner ansehen«, sagt Robin.

»Dann schau gleich nach, ob sie Eier gelegt haben«, sagt Mama.

»Wo liegen die?«

»Irgendwo«, sagt Mama. »Ich weiß es nicht. Mit Hühnern kenne ich mich noch nicht gut aus.«

Robin geht ins Freie. Im Schlafanzug und barfuß. Mit Schnuff unterm Arm. Die Sonne scheint, aber das Gras im Garten ist noch nass vom Tau. Robin geht zu dem Baum mit dem dicken Ast. Er gibt seiner Schaukel einen Schubs. Es ist still auf der Welt. Der Schatten der Schaukel huscht über das Gras hin und her.

Die Hühner sind schon wach. Robin geht zu ihnen hin und steckt die Nase durch eine Masche des Drahtzauns. Die Zunge steckt er durch die Masche darunter. Die Hühner staksen steifbeinig herum. Sie picken Körner vom Boden. Robin zieht seine Nase und seine Zunge aus dem Maschendraht. Er macht die Stalltür auf und … die Hühner flattern vor Schreck in die Höhe. Eine gackernde weiße Federwolke. Robin erschrickt noch mehr als die Hühner.

Schnell macht er die Tür wieder zu. Dann lieber keine Eier.

Auf dem Rückweg gibt Robin der Schaukel wieder einen Schubs und beobachtet ihren Schatten auf dem Gras. Dann geht er den Plattenweg zur Schule entlang. Die Platten sind bereits schön warm.

Komisch ist das. Er ist auf dem Weg zur Schule, obwohl Ferien sind. Die Schule ist leer. Es sind keine Kinder da, keine Lehrer und keine Lehrerinnen. Die Bücher liegen in den Schränken, die Wandtafeln sind sauber gewischt und alle Türen sind abgeschlossen.

Robin geht an Papas Klassenzimmer vorbei. Er kann nicht hineinschauen, weil die Fenster zu weit oben sind. Danach kommen die Klassenzimmer von Frau Wiersma und von Frau Lievert.

Jetzt steht Robin auf dem Schulhof. Der kommt ihm so groß vor wie ein Fußballplatz.

Robin geht an seiner rot getünchten Vorschule vorbei und dann an dem hohen Turm, an dem die Schläuche der Feuerwehr trocknen, wenn es gebrannt hat.

Mitten auf dem Schulhof bleibt Robin stehen. Im Schlafanzug und barfuß. Er ist allein. Allein mit Schnuff. Der ganze Schulhof gehört Robin. Und nicht nur der Hof, auch der Wassergraben an seinem Ende und die angrenzenden Wiesen gehören Robin. Und die Sonne. Und der blaue Sommerhimmel. Alles gehört Robin. Weil er hier wohnt.

Robin geht zum Rand des Grabens und setzt sich ins Gras. Die Sonne scheint aufs Wasser. Blässhühner und Teichrallen schwimmen vorbei, Libellen stehen in der Luft und Frösche turnen im Schilf herum. Robin macht die Augen zu und denkt an den Jahrmarkt und ans Geldzählen. Schnuff schläft in seinem Arm ein.

Als Robin ein Geräusch vom Wasser her hört, zuckt er zusammen. Er macht die Augen auf. Da kommt ein Ruderboot gefahren. Robin sieht den Rücken eines Mannes, der rudert, und auf der Bank ihm gegenüber sitzt Evi. Evi aus der Vorschule. Robin will aufspringen und sich verstecken. Er kommt sich blöd vor, weil er im Schlafanzug mit Schnuff auf dem Schoß dasitzt. Aber das Boot ist schon zu nah herangekommen. Evi hat ihn gesehen.

»Hallo, Robin!«, ruft sie. »Willst du mitfahren?«

Robin will schon, aber er traut sich nicht. Doch, er traut sich schon, aber er weiß nicht, ob er darf. Ob Mama und Papa es erlauben.

Der Mann dreht sich zu Robin um. »Wir fahren nicht weit«, sagt er. »Ich achte darauf, dass deine Eltern dich vom Schulhof aus jederzeit sehen können.« Er steuert das Boot an den Rand des Grabens.

Evi lächelt Robin an. Sie lächelt und tippt dann mit der Hand auf ihre Bank. Robin steigt an Bord. Er setzt sich neben Evi. Im Schlafanzug. Mit Schnuff im Arm.

»Ist das dein Kuscheltier?«, fragt Evi.

Robin nickt. »Er heißt Schnuff«, sagt er.

Dann schaut Robin zu dem rudernden Mann und fragt: »Ist das dein Papa?«

»Das ist mein Onkel Martin«, sagt Evi. »Mein Papa ist tot.«

Oh nein! Wie blöd!

Robin schämt sich. Er wusste ja, dass Evis Papa tot ist! Evi hat es in der Vorschule erzählt! Und nun sagt er etwas derart Blödes ... Robin schämt sich so sehr, dass er sich am liebsten unter dem Boot verstecken würde. Aber das wäre nicht besonders schlau. Er merkt, dass sein Kopf feuerrot wird.

»Ach ja«, sagt er leise.

Er schaut auf den Boden des Ruderboots. Dort steht ein wenig Wasser. Bei jedem Ruderschlag schwappt es hin und her.

»Was ist los?«, fragt Evi.

»Ich hab das gewusst«, sagt Robin.

»Was hast du gewusst?«

»Dass dein Papa tot ist.« Robin wagt es nicht, Evi anzusehen. »Ich hatte es vergessen«, sagt er.

»Das macht doch nichts!«, sagt Evi. »Ich vergesse meinen Papa auch manchmal.«

Das kann Robin kaum glauben.

»Ich denke jedenfalls nicht den ganzen Tag an ihn«, sagt Evi.

»Du warst damals noch ein Baby«, sagt Robin. »Weißt du noch, wie dein Papa ausgesehen hat?«

»In meinem Zimmer hängt ein riesengroßes Foto von ihm«, sagt Evi. »Beim Aufwachen sage ich ›Guten Morgen, Papa‹, und dann vergesse ich ihn den ganzen Tag, und wenn ich schlafen gehe, sage ich ›Gute Nacht, Papa‹, und manchmal erzähle ich ihm dann, was ich den Tag über gemacht habe. Onkel Martin ist der Bruder von Papa, und der erzählt mir Geschichten von früher, als er und Papa noch klein waren. Die sind witzig.«

Robin sieht Onkel Martin an.

Onkel Martin nickt ihm zu. »So ist es«, sagt er.

»Vergessen Sie Ihren Bruder auch manchmal?«, fragt Robin Onkel Martin.

»Oft«, sagt Onkel Martin. »Aber ich denke auch oft an ihn. Dann sehe ich, wie er geht und lacht und tanzt. In meinem Kopf.«

»Das kann ich auch«, sagt Robin. »Mit meinem Öhmchen.«

Er sieht Öhmchen wieder. Sie steht am Fenster und schaut hinaus. Ein Mann kommt auf dem Fahrrad angefahren. Er sieht Evis Onkel ähnlich. Er geht die steile Treppe hinauf und setzt sich an Öhmchens Wohnzimmertisch. Öhmchen schenkt Tee ein und gibt dem Mann ein Toffee. Dann teilt sie Spielkarten aus. Sie schauen beide in ihre Karten. Öhmchen sagt: »Herz ist Trumpf.« Der Mann sagt: »Verflixt noch mal.« Und sie lachen.

Robin lacht auch.

»Was ist los?«, fragt Evi.

»Hatte dein Papa ein Fahrrad?«, fragt Robin.

Evi nickt.

»Und hat dein Papa gern Karten gespielt?«

Das weiß Evi nicht, sie sieht Onkel Martin an.

»Dein Papa hat unglaublich gern Karten gespielt«, sagt Onkel Martin.

»Dann hab ich deinen Papa in meinem Kopf gesehen«, sagt Robin. »Er war bei meinem Öhmchen. Sie haben zusammen gelacht. Sie hatten eine Menge Spaß.«

Evi schaut Robin an. Sie schaut ihm direkt in die Augen. Ganz lange. Und dann ... nimmt Evi Robins Hand. Ihre Hand fühlt sich wunderschön an, ganz weich.

Robin läuft ein wohliger Schauder über den Rücken. Evis Hand passt ganz genau in Robins Hand. Wie ein Brief ins Kuvert.

Robin spürt die warme Sonne auf seinem Gesicht, das Wasser glänzt und im Schilf tanzen Lichtchen. Die Schilfstängel neigen sich über Robin und Evi, kleine Wellen schlagen an das Boot, als würden sie in die Hände klatschen,

die Fische springen aus dem Wasser und fliegen im Kreis um Robins Kopf und singen Lieder, die kein Mensch je gehört hat, die Sonne wandert mit einem Farbtopf und einem Pinsel über den Himmel und malt rote Herzchen ins Blau und die Reiher schießen Pfeile durch die Herzchen.

Und unter dem fröhlichen Himmel, inmitten von wiegendem Schilf und singenden Fischen, sitzt Robin. In einem Boot. Neben Evi. Hand in Hand.

QUELLEN

Das Lied »Der Frühling kommt wieder« hat mein Vater, Kees Kuyper, gedichtet, das Lied »Ich liebe alle Frauen« hat Koos Speenhoff verfasst, und »Es waren zwei Königskinder« ist ein Lied aus dem Mittelalter, dessen Verfasser nicht bekannt ist.

Sjoerd Kuyper, geboren 1952 in Amsterdam, hat mehr als vierzig Bücher geschrieben, von denen viele Preise gewonnen haben und verfilmt wurden. Außerdem schreibt er Texte für Fernsehserien, Kinofilme und für das Theater. 2012 wurde er mit dem Theo Thijssen-Preis für sein Gesamtwerk ausgezeichnet.
Mehr unter: www.sjoerdkuyper.com

Marije Tolman, Jahrgang 1976, studierte Grafik, Typografie, Illustration und Design an der Königlichen Kunsthochschule in Den Haag und am Edinburgh College of Art in Schottland. Ihre Bücher wurden mit zahlreichen Preisen ausgezeichnet unter anderen mit dem renommierten Bologna Ragazzi Award und dem Troisdorfer Bilderbuchpreis. Sie lebt und arbeitet als Illustratorin in Den Haag.
Mehr unter: www.marijetolman.nl

Weitere Titel von Sjoerd Kuyper:
Erst wirst du verrückt und dann ein Schmetterling

Mehr über unsere Bücher, Autoren und Illustratoren auf www.gabriel-verlag.de

Die Übersetzung dieses Buches wurde von der niederländischen Stiftung für Literatur gefördert.

N ederlands
N letterenfonds
dutch foundation
for literature

Sjoerd Kuyper
Robin und Schnuff – Geschichten zum Vorlesen
978 3 522 30388 0

Aus dem Niederländischen von Eva Schweikart

Gesamtgestaltung: Marije Tolman
Einbandtypografie: Michael Kimmerle
Innentypografie: Eva Mokhlis
Reproduktion: HKS-artmedia GmbH
Druck und Bindung: Livonia Print

Vorlesen macht stark

Diverse
**Das Vorlesebuch für
starke Familien**

192 Seiten · Gebunden
mit farbigen Illustrationen
von Rike Janßen
ISBN 978-3-522-30376-7

Wie lernen Kinder, selbstbewusst zu sein?
Diese achtzehn Geschichten machen Kindern Spaß und helfen ihnen dabei, sich
zu starken Persönlichkeiten zu entwickeln, die anderen mit Mitgefühl und Res-
pekt, liebevoll und konfliktfähig begegnen können.
Vorlesegeschichten zum Lachen, Träumen und Miterleben von den bekannten
und beliebten Autorinnen und Autoren Martina Baumbach, Kirsten Boie, Beate
Dölling, Michael Ende, Dagmar Geisler, Erwin Grosche, Elizabeth Liddle, Bettina
Obrecht, Mirjam Pressler, Ursel Scheffler, Jule Sommersberg, Katrin Stehle und
dem Team Angelika Bartram und Jan-Uwe Rogge.

Mal unzertrennlich, mal spinnefeind

Dagmar Geisler
Geschwister sind unschlagbar

144 Seiten · Gebunden
ISBN 978-3-522-30259-3

Mal unzertrennlich, mal spinnefeind: Bei Geschwistern ist alles drin. Nur eins nicht und das ist Langeweile.

In den zwölf Geschichten von Paula und Marie, Leon und Flori, Johanna und Jasper und vielen mehr erkennen sich alle wieder: Die großen genauso wie die kleinen Geschwister und sogar die Fast-Geschwister, die den dicken Bauch von Mama eher skeptisch beäugen. Dagmar Geisler erzählt von den besonderen Abenteuern des Geschwisteralltags in lustigen und nachdenklichen Geschichten.